Ottokar Domma

Rückblick eines braven Schülers

Herausgegeben und kommentiert
von
Joachim Giera

WILHELM HEYNE VERLAG
MÜNCHEN

HEYNE ALLGEMEINE REIHE
Band-Nr. 01/13506

Umwelthinweis:
Das Buch wurde auf chlor- und
säurefreiem Papier gedruckt

Taschenbucherstausgabe 10/2001

Wilhelm Heyne Verlag GmbH & Co. KG, München
Printed in Germany 2001
Umschlagillustration: Manfred Bofinger
Umschlaggestaltung: Nele Schütz Design, München
Satz: Schaber Satz- und Datentechnik, Wels
Druck und Bindung: Ebner Ulm

ISBN: 3-453-19119-6

http://www.heyne.de

Inhalt

Die Auswahl wurde getroffen aus folgenden Bänden:

Der brave Schüler Ottokar, 1967
Ottokar, das Früchtchen, 1970
Ottokar, der Weltverbesserer, 1973
Ottokar, der Gerechte, 1978
(alle illustriert von Karl Schrader)
Ottokar, der Schalk, 1983
Ottokar, der Philosoph, 1989
(beide illustriert von Manfred Bofinger)

Vorwort

Ottokar Domma: Am Anfang seines literarischen Lebens kommt er uns als braver Schüler entgegen, er mausert sich zum Früchtchen, mutiert zum Weltverbesserer, kämpft als Gerechter, spielt den Schalk und wird schließlich zum Philosophen. Man ist geneigt zu der Feststellung, dies sei ein typischer DDR-Lebenslauf. Aber was ist schon typisch? Ermüdende Fragestellung eines gehabten sozialistischen Realismus, der die Antworten immer schon vorschrieb. Vielleicht verläuft das Leben im allgemeinen so. Jedenfalls vergehen darüber fast drei Jahrzehnte. Der Knabe gewinnt in dieser Zeit nicht an Jahren, er verbleibt im zarten Alter von zehn bis zwölf, und ist nun doch älter als »unsere Republik« geworden ...

Rückblick: Das vorliegende Buch offeriert eine Auswahl aus sechs Bändchen mit Geschichten über und von Ottokar Domma, die zwischen 1967 und 1989 in vielfacher Auflage erschienen. Es gehört nicht in die Schublade der »Wendeliteratur«. Aktuelle Bearbeitungen der einzelnen Beiträge – was immer das heißen mag – hat sich der Herausgeber verkniffen und der Autor strikt verbeten. Die Auswahl will eine literarische Figur in die Erinnerung rufen, die in »Wendezeiten« euphorisch, eilfertig, anpasserisch und frustriert oder verdrängt und als »Altlast« schnell ad acta gelegt und nun mühsam, mitunter schmerzlich in der »neuen Zeit« erinnert wird auf der Suche nach dem eigenen Ich, das in der Vergangenheit seine Wurzeln hat. Da war doch noch was?! Die Methode gab nicht ein ominöses »top-ten«-Punktesystem vor oder wurde diktiert von geschäftstüchtigen »The Best of«-Überlegungen. Aus der eigenen Haltung erwuchs die Zusammenstellung, nämlich mit (zeitlichem) Abstand und nicht weinerlich – wenig Veranlassung! –, kritisch, aber sich nicht selbst verleugnend – allemal! – zu lesen. Den Spaß, die Komik, das Lachen dabei immer im Sinn. Denn das war es vielleicht, was Otto-Ottokar vor allem konnte, was die Grundlage seiner enormen Popularität bildete: er brachte uns zum Lachen über die Verhältnisse, unter denen, mit denen, gegen die und für die wir lebten. So oder so. Auf den empörten und lauten Zwischenruf – durchaus vorwurfsvoll gemeint – manches Lesers: »Mein Gott, war das brav!« ließe sich leise – durchaus nachdrücklich fragend – antworten: »Wirklich? Oder waren wir so brav?« Mal nachdenken. Der Autor hält uns immer noch einen Spiegel vor. Er erklärt sich und verteidigt sein literarisches Kind: »Aber ich war kein ›Widerständler‹, wie mancher heute sich entdeckt, ich hätte sonst gegen meine Überzeugung geschrieben.« Hier tut sich ein Zwiespalt auf.

Der brave Schüler: Das Objekt sozialistischer Erziehung und Bildung braucht einige Zeit, sich selbst zu entdecken, will sich dann – getreu seiner Formung – aktiv einbringen in die »gesetzmäßig verlaufende« Weltverbesserung, hält dabei an der allgemein menschlichen Hoffnung auf Gerechtigkeit fest und entdeckt die Narrenkappe als praktikablen Schutz, um letztlich doch den Rückzug in die höheren Gefilde weiser Betrachtung anzutreten. Formung soll nicht zur Deformierung gerinnen. Ottokar geht seinen Weg im steten Beharren auf seine Individualität, seine Originalität als Subjekt. Ein eben nicht gerade geringes Unterfangen im DDR-Sozialismus, der die Meßlatte des Mittelmaßes zur Grenzlinie bestimmt: Wer drunter bleibt, dem kann durch das allwissende Kollektiv geholfen werden, sich wieder einzuordnen, der wird »auf Linie« gebracht, wer drüber kommt – oder auch nur will –, macht auf sich aufmerksam, weil er ausschert, den Gleichschritt stört, anderen in die Hacken tritt, scheinbar schon den Keim des Subversiven in sich trägt und also gefährlich wird. So weit geht Ottokar nicht, weder als frühes Früchtchen noch später als Philosoph. Der Stolpersteine sind ohnehin genug. Aber der brave Schüler besitzt von Anbeginn eine Fähigkeit, die ihm alle Volksbildung nicht austreiben vermag: er meldet Zweifel an, hält Widerrede. Ansonsten ein Manko gelernter DDR-Bürger, das ihnen erst sehr viel später (Anfang der 90er Jahre) sauer aufstößt und sie immer wieder in Verwirrung bringt, wenn sie nunmehr die Verantwortung für sich selbst wahrnehmen (müssen!). Auf »die da oben« war und ist kein Verlaß! Eine Ahnung davon schwebt um die Jahreswende 1989/90 durchs Ländchen und verflüchtigt sich ziemlich schnell im Einheitsrausch des darauffolgenden Sommers.

Diese Fähigkeit setzt Ottokar ein, nutzt sie ständig und verliert sie deshalb nie. Er wird genau da unbequem, wo sich manch anderer schon gemütlich eingerichtet hat – in den verlogenen Phrasen, im heuchlerischen Ton oder in den auf egoistischen Vorteil bedachten, mitunter unauffälligen, aber immer gegenwärtigen Ungerechtigkeiten des Alltags. Auf dieser Fähigkeit besteht er im Namen einer abstrusen »sozialistischen Menschengemeinschaft«, tritt an gegen zweifelhafte Vorbilder und starre Autoritäten: in Elternhaus und Schule, in der Patenbrigade, bei den örtlichen und überregionalen Größen. Der Knabe Ottokar nennt die Lüge eine Lüge. Er tut es augenzwinkernd, manchmal auch altklug, indem er die scheppernd-tönenden Postulate der Erwachsenen beim Wort nimmt: »Auch die Lüge ist ein Feind des Sozialismus, deshalb müssen wir sie bekämpfen.« Ottokar »sollte ein sozialistischer Lausbub sein«, bestimmt sein geistiger Vater. Und hier sind die Grenzen – die des Autors und seiner literarischen Erfindung –, die den Zwiespalt markieren. Beide geraten mit Pflicht und Neigung in Widerspruch, schlagen dabei zwar manchmal über die Stränge, aber der Autor diszipliniert sich und seine Figur. Folgerichtig gerät »Der Tag der Wahrheit« zum Fiasko. »Schlecht war der Tag nicht, aber anstrengend. Und es wäre vielleicht besser, wenn uns die Erwachsenen mal so einen Tag vormachten«, zieht Ottokar Bilanz. Freund Harald schraubt den Wunsch auf ein Mindestmaß herab: »Das stimmt, aber vielleicht ist ein Tag noch zuviel, und es genügt schon eine Stunde der Wahrheit!« Aber auch die schlägt nicht. Volksbildung und Partei haben beide eben doch »in den Griff bekommen«. »Ich als Mensch – ich als Pionier« – zwei Seelen in einer Brust, die zusammengehören sollen und sich nicht vereinen lassen trotz allen Strebens. Die Kluft wird sichtbar, die Schizophrenie hervorbringt. Wir erkennen uns wieder im gehabten Alltag mit »seinem sozialistischen Gang«. Freya Klier resümiert in ihrem Buch »Lüg Vaterland«: »Wir ahnen, daß wir tief zu unseren Wurzeln hinuntergraben müssen. Und mag der Schlüssel zum Verständnis im westlichen Teil Deutschlands im alles beherrschenden Spiel seiner Wirtschaft zu finden sein – der Schlüssel zum Verständnis seines östlichen Teils liegt in der Erziehung.«

Autor und literarische Figur: »Die Ehrlichkeit ist oft schwierig, aber wir wollen uns bemühen, den Erwachsenen ein Vorbild zu sein.« So tut der brave Schüler Ottokar kund. Über diese Bemerkung schmunzelt zu Zeiten, die mal DDR-Zeiten waren, Volksbildungsministerin Margot Honecker ebenso, wie sie das Zwerchfell der Leser – jung und alt – ländchenauf und -ab reizt: Wahr gesprochen!

Aber was der einen nett ins Konzept paßt, weil ohnehin von ihresgleichen nicht ernstgemeint, wird für die anderen, darunter viele Pädagogen, immer mehr zum Problem: die Doppelzüngigkeit, d. h. die herausgeforderte Verlogenheit im System, wollte man sich einer Unterwerfung entziehen. Diese »anderen« verstehen den Hintersinn, die Ironie der Worte jenes Knaben, lesen zwischen den Zeilen und hören zwischen den Worten.

Ottokar, ein Kind, eine literarische Figur. Der volle Name lautet Ottokar Domma, d. i. – vielleicht? – die deutsch-russische Verballhornung des Namens vom geistigen Vater Otto Häuser. Der Sohn (Jahrgang 1924) eines Bergarbeiters aus dem Böhmischen absolviert eine Lehre als Gebrauchswerber, muß als Soldat in den Krieg, gerät in sowjetische Gefangenschaft, wird nach einem Schnellkurs Neulehrer, dann Schuldirektor und schließlich Journalist im Bereich der Volksbildung. Einer, der die Spanne zwischen Wirklichkeit und Ideal, zwischen Realität und Zielvorstellung, die aufeinandertreffen, sich reiben und auseinanderklaffen, erlebt und lebt. Seit den frühen 60er Jahren sprechen sich Otto-Ottokar regelmäßig aus in der damals einzigen Wochenzeitschrift für Humor und Satire zwischen Elbe und Oder über Probleme und Schwierigkeiten bei »der Erziehung unserer jungen Generation«. Später werden daraus Bücher, als »Bücklingsware« – trotz hoher Auflagen – unterm Ladentisch gehandelt, weil immer schnell vergriffen. Was »der brave Schüler« dort narrenfrei, wenn auch offiziell abgesegnet, von sich geben darf, überschreitet bei weitem das Maß dessen, was in Lehrerkollegien ernsthaft zu besprechen gestattet war. Dieses Privileg sichert dem Autor und seiner Figur übergroße Popularität. Ein äußerst seltener Fall in der Kulturlandschaft der »Ehemaligen«. Was wollte Ottokar alias Otto?

Ottokar wollte die Verhältnisse – in kindlich-naiver Bemühung, nicht aber treuherzig-blöd, und manchmal bis zur Selbstzerfleischung konsequent – bessern. Otto verliert nicht den Glauben daran, daß dies möglich sei. Beide sanft-ironische »Weltverbesserer«, allerdings dem Irrtum verhaftet, daß die Welt, für die sie sich einsetzen, die einzig mögliche, die einzig richtige wäre. Denn mit »Verhältnissen« ist jene »sozialistische Menschengemeinschaft« gemeint, eine Utopie, die sich immer mehr im DDR-realen Alltag abwetzt, bis sie schließlich im Herbst '89 endgültig als Illusion zerbirst.

Hinter dem Knaben und seinen lästerlichen Bemerkungen steht immer der Autor selbst, und jeder im Ländchen versteht die Anspielung auf die tatsächlichen Verhältnisse. Sie werden »nur« satirisch oder humoristisch verkehrt, aber ganz und gar nicht verkehrt zum Ausdruck gebracht: Kindermund tut Wahrheit kund. Der Wiedererkennungseffekt bringt das Zwerchfell in Wallung bei »den Großen« und denen, die auf sie zu hören haben – möglichst ohne Widerspruch. Zu fragen bleibt dennoch: Gelacht und trotzdem mitgemacht? Ein Widerspruch in sich ist das schon. Aber es darf nicht vergessen werden, auch bei der erneuten Lektüre, daß in diesem Widerspruch – und nicht nur in diesem! – eine ganze »sozialistische Nation« bewußt oder unbewußt lebte, darin aufwuchs, in diesem Sinne erzogen wurde, dagegen anging oder sich mit ihm abfand, einrichtete, nicht mehr nachfragte. Ottokar stochert unentwegt »im Schlimmen«, läßt nicht locker, macht auf seine Weise Mut. Ist doch der Konflikt zwischen abgeforderter offizieller Wahrheit – z. B. der vom »unaufhaltsamen Sieg des Sozialismus im Weltmaßstab« – und den tatsächlichen Verhältnissen, der Konflikt bei der Verteidigung der Wahrheit des kleinen Mannes auf der Straße gegen die große Lüge der Organisatoren und Mitläufer des Partei- und Staatsbürokratismus allgegenwärtig. Zumal für Kinder. Ottokar ist einer von ihnen: der kindliche Mahner mit der Narrenkappe. Und dieser Konflikt wird gelebt, scheint lange Zeit nicht lösbar, sondern soll und kann nur ertragen werden. Mit den Deformationen, die er der Persönlichkeit jedes einzelnen beibringt, schlägt sich jeder einzelne des ehemaligen Ländchens erst jetzt herum – und gerät in neue Konflikte mit denen, die es besser gemacht hätten, hätten sie dort gelebt. Hätten!!! Sie haben aber nicht ...

Ottokar will sich damit nicht abfinden schon vor Zeiten, spricht aus, wo ihn der Schuh drückt, und tritt die gegen das Schienbein, die ihm das Rückgrat frühzeitig – vor der Zeit – krümmen wollen. Gar keine so schlechte Haltung und gar nicht so abgelebt, wie es scheint – auch heute nicht.

In der DDR wurde nicht nur geweint und gelitten, auch wenn die Medien uns das heute beständig einzureden versuchen. Mit Ottokar z. B. haben wir gelacht. Das Früchtchen machte Mut, stärkte, verlieh eine Ahnung von Souveränität. Lachen befreit. Aber eben nur in Maßen und noch lange nicht die Massen. Die müssen sich schon selbst bewegen – wie in den Herbsttagen ’89 – und dürfen damit nicht aufhören.

Die literarische Figur vereint in sich jeden Widerspruch, der so typisch (Ha!) scheint für Otto Normalverbraucher im »Reichsbahngebiet« (St. Heym): Für die damaligen Staatsoberen war er das ideale Vorzeigekind sozialistischer

Bildung und Erziehung, für das Volk eine annehmbare Möglichkeit, sich kritisch zu identifizieren. »Wir sind das Volk!« – aufmüpfig *und* gläubig, hellwach *und* doch nichts begreifend, lachend *und* – nun, im nachhinein – ein bißchen traurig und abermals (hoffentlich nicht zu sehr) frustriert über die verpaßten Chancen. Kann man etwas Besseres von einer literarischen Figur behaupten, als daß sie Spiegel, aber auch Zerrspiegel ihrer Zeit war.

Hat sie was erreicht? Die Antwort des Autors: »Das ist schon eine schwere Frage. Es ist immer eine Wunschvorstellung, daß man nicht nur unterhalten kann oder vielleicht etwas Belehrendes hineinbringt, sondern daß die Menschen auch nach dem Wunsche des Autors in irgendeiner Weise geformt werden. Aber so einfach ist das nicht. Schon möglich, daß der eine oder andere darüber nachdenkt, daß er vielleicht doch gewisse Lebensregeln aufgenommen hat, vielleicht auch gewisse Vorstellungen über Persönlichkeitsentwicklungen ...«

Wer etwas über den ehemaligen »DDR-Bürger«, seine Identität, sein Selbstverständnis – gewachsen aus gelebter Erfahrung unter ganz bestimmten Umständen – wissen will, mit denen er als »neuer Deutscher« nicht klarzukommen scheint, weil sie wertlos sein sollen, der lese die in diesem Band versammelten Aufsätze des braven Schülers Ottokar. Jener Knabe wäre heute ca. Mitte Vierzig ... Ein Blick zurück nach vorn. Eine Fundgrube zum gegenseitigen Verständnis, das Interesse hierfür mal vorausgesetzt.

Abspann: Das Fernsehen liefert 1992 die Posse frei Haus. Im Transitraum eines Flughafens verfolgt die Kamera eine hagere, ältere Frau mit dunkler Brille auf Schritt und Tritt. Ein bißchen penetrant die Szene. Wir spüren es, die Verfolgte spürt es, der Verfolger rechnet damit, denn er bleibt dran. Dann endlich dieser eine Satz von ihr, direkt ins Mikrofon: »Ich fühle mich sehr von Ihnen belästigt.« Schluß. Aus.

Wer sagte da was zu wem?

Leicht zu identifizieren die Dame inkognito. Die ausgehende Blautönung ihrer Frisur liefert den Anhaltspunkt. Moment mal, so was von Farbe trug doch nur eine, wenngleich Tausende andere sie nachäfften?! Nachdem sie ihr Gesicht wendet und frontal in die Kamera leicht distinguiert, aber konsequent jene Worte spricht, fällt der Groschen: »Mensch, Margot!« Die überdimensionale Sonnenbrille hat nicht geholfen. Wir haben sie erkannt, die Genossin Honecker, »UNSERE« ehemalige Volksbildungsministerin. Nunmehr auf dem Überflug von Europa nach Südamerika. Fluchtpunkt: Santiago de Chile.

Und der Kameramann?

Ich stelle mir vor, es könnte Ottokar gewesen sein ...

Berlin im Mai 1993 Joachim Giera

Der brave Schüler Ottokar

Über die Schönheit unserer Namen

In der Frühzeit meines Lebens habe ich mich öfter wegen meines Vornamens geärgert. Meistens waren es Mädchen, welche mir aus weiter Entfernung zuriefen: »Ottokar hat Läuse im Haar!« Mein Freund Harald sagte, man muß sich wegen den blöden Gänsen nicht in Wut bringen lassen, und wenn wir sie erwischen, werden sie gerupft. Auch fragte ich meine Mutter, wieso ich ausgerechnet Ottokar heiße. Sie sprach, weil alle meine Urahnen und Väter Ottokar geheißen haben, wenn sie der erste Sohn waren. Man nennt dies auch Tradition oder Treue zur alten Sippschaft. Und es ist besser, einen ganz alten Namen zu besitzen als gar keinen.

Mein Vater hat sich darüber nicht aufgeregt und nur gesagt, der Vorname muß auch gut zum Nachnamen passen, und Ottokar paßt eben nicht zu jedem. Deshalb suchen die meisten Leute für ihre Kinder einen schöneren Namen. Mit dieser Rede war ich zufrieden, und es kann nicht jeder ein neumodischer Vater sein.

Jetzt kann ich mir auch denken, warum man heute für neugeborene Kinder einen besonders schönen Namen aussucht, und in vielen Familien gibt es deswegen Zank und Stank. Es werden so allerlei Namen ausgedacht, und die werdende Mutter fragt den werdenden Vater, wie der Knabe oder das Mädchen heißen soll. Der Vater kann jetzt tausend Vorschläge machen, aber sie zählen nichts, sondern meistens nur der Vorschlag der Mutter. Denn sie hat das Vorrecht und die Schmerzen. Wenn zum Beispiel der Vater mit dem Vornamen nicht gleich einverstanden ist, dann hilft ihm die Mutter über diesen Ärger hinweg, indem sie das neugeborene Kind in der ersten Zeit ganz anders nennen, zum Beispiel Süßer oder Schnuckiputz oder Hascherle oder Ärschlein und anders. Diese Vornamen sterben mit der Zeit aus, weil es komisch wäre, wenn zum Beispiel unsere Lehrer den Schweinesigi Pullerchen rufen würden. Wenn die Familien einen Vornamen aussuchen, dann müssen sie auch daran denken, daß es ein moderner ist. Bei uns in der Straße wohnt zum Beispiel die Familie Wurzel. Sie hat fünf Kinder. Die ersten vier Geburten heißen Karin, Monika, Wolfgang und Manfred, welche heute schon nicht mehr die allermodernsten sind. Auch gibt es diese Namen schon zu oft. Deshalb bekam das letzte Mädchen einen besonders schönen Namen, nämlich Marie-Antonette Wurzel. Und alle müssen den Namen einüben, indem sie jeden Tag in den Kinderwagen hineinschreien: »Na, was macht denn unsere Marie-Antonette?« Meistens macht sie sich naß.

Für Knaben ist es schon schwerer, solch einen klingenden Namen zu finden, worunter es sehr seltene gibt. Zum Beispiel bekam der Sohn einer Mutter, welche manchmal in unserer Heimatzeitung dichtet, den seltenen Namen Rainer-Maria Senf. Warum er einen Mädchennamen angehängt kriegte, weiß ich nicht. Vielleicht ist bei der Geburt etwas verpatzt worden. Es wird sich später in der Schule herausstellen, auf welche Toilette er geht, und man muß das prüfen.

Die neuen Vornamen entstehen meistens so: Wenn zum Beispiel ein Film gezeigt wird mit einer sehr schönen Geliebten oder einem tapferen Helden, dann heißen plötzlich einige Monate später viele Neugeborene Juanitta Meier oder Robin Schulze oder Scheraa Paschke oder Fernandel Müller oder Hiob Lehmann.

Auch ist mir aufgefallen, daß es sehr modern ist, wenn man den neugeborenen Säuglingen einen Namen aus einem anderen Lande gibt, damit die Leute denken, der Säugling hat in einem fernen Land das Licht der Poliklinik erblickt, oder er hat einen seltenen nichteinheimischen Vater. Deshalb muß man sich nicht wundern, wenn plötzlich eine Natascha Grün oder eine Beß Knautschke oder ein Guiseppe Lemke des Wegs kommt. Dagegen hört man seltener, daß jemand bei den anderen Völkern Fritz Gagarin oder Frieda Robespierre oder Hans-Dieter Beatle heißt. Ich denke mir, daß wir auch ganz schöne Vornamen haben, und man muß nicht gleich welche in Brasilien oder auf dem Nordpol suchen. Wenn ein Berliner Sohn jetzt Jean Meixner heißt, so bleibt er trotzdem ein Berliner und kein Pariser oder Verduner.

Da ist es schon besser, wenn man sich lieber ein paar neue Namen ausdenkt, welche auch zu unserer Zeit passen, sagen wir zum wissenschaftlich-technischen Fortschritt. Auch wäre es gerecht, wenn man bei der Namensgebung mehr auf den Beruf des Vaters oder der Mutter achtet. So könnte zum Beispiel die Tochter eines Forschers im Atomkraftwerk Isotopia heißen oder das Neugeborene eines Petroleumfacharbeiters Pipeline. Der Herr Kraftfahrer Weichbrodt müßte seinen künftigen Sohn Motorus nennen oder, wenn er Pech hat und eine Tochter bekommt, diese mit dem Vornamen Limusina betiteln. Auch stand schon in der Zeitung, daß man Traktoristentöchter Traktorina benamsen muß. Auch Raketa klingt sehr schön, wogegen mein Freund Harald seine Tochter später Goldina heißen läßt, weil er für sein Leben gern Margarine ißt.

Wenn aber jemandem gar kein neuer Name mehr einfällt, dann könnte man einfach alle bekannten Vornamen von hinten nach vorne schreiben, und schon hat man wieder ein paar seltene Stücke. Zum Beispiel wird dann aus der Karin ein Nirak, aus der Emma eine Amme, aus dem Max ein Xam, aus der Eva eine Ave oder aus dem Hajo ein Ojah. Und es sind deutsche Namen.

Die besten Erfinder von Namen sind Dichter und Humorschreiber. Während die lustigen Schreiber meistens ulkige Namen erfinden, wie zum Beispiel Amanda Käsebier, denken sich die vornehmen Dichter meistens vornehme Namen aus. Auch richten sich bei den vornehmen Dichtern die Namen nach dem Beruf. Ein Professor heißt zum Beispiel im Roman Alexander Wieck, wogegen sein Kraftfahrer nur Kowalski heißt. So kommt es, daß unsere Frau Apotheker Eva-Maria Bergander ihre Tochter Felizitas nannte, wogegen der Kunstmaler Johann Wattenbrück seinen Sohn Ramon benamste. Auch klingen diese Namen vornehmer bei Hochzeits- oder Todesanzeigen.

Neben diesen Namen gibt es noch Spitznamen, aber diese bekommen nur solche Knaben, Mädchen und Erwachsene, welche man ein hervorstechendes Individuum nennt. Dazu gehöre ich nicht, deshalb ruft man mich nur Ottokar.

Unsere Schule

Zuerst muß ich unsere Schule beschreiben, weil ich mich hier die meiste Zeit herumtreibe. Es ist ein ziemlich alter Kasten, und deshalb haben wir uns, als die Schule anfing, vorgenommen, die Klassen, Flure, Bänke, Schränke nebst Toiletten aufzuräumen und zu schmücken. Denn es soll ein Jahr der Schönheit werden, sagte unser Herr Pionierleiter Alfons. Und das kam so:

Bevor die Schule anfing, waren eine Menge Leute hier, mit dem Herrn Bürgermeister Gille vorneweg. Sie schauten sich alles an und krochen überall hinein, auch in die hintersten Winkel. Und man nennt das eine Schulbegehung. Als sie dann wieder verstaubt zum Vorschein gekommen sind, befahl der Herr Bürgermeister, was alles bis zum Schulanfang noch gemacht werden muß, und die Handwerker sollen zittern, wenn sie wieder so bummeln. Dieses wiederholt sich alle Jahre.

Zu unserem Herrn Pionierleiter aber sprach er, es wird Zeit, daß er seine Pioniere ein bißchen aufschwingt. Sie sollen alles wie ein rohes Ei behandeln und ihren Schmutz nicht überall hinterlassen. Auch ist es notwendig, schmükkende Bilder, Losungen, Girlanden und andere Schönheitsmittel in der Schule anzubringen, damit jeder gleich sieht, es ist ein Haus, wo das Lernen Freude machen muß. Der Herr Pionierleiter gelobte, unsere Schule in einen Freudenpalast zu verwandeln, und am 1. September fängt er gleich an. So kam es auch.

Gleich am ersten Schultag haben wir eine Pionierversammlung gemacht. Mein Freund Harald hat sie eröffnet, und er gab das Wort an den Herrn Pionierleiter Alfons. Dieser las ein paar frohe Sätze vor und ließ uns dann gleich in die Diskussion hineintreten. Ich ergriff jetzt das Wort und sprach: »Verehrte Pioniere! Der Alfons hat recht, wenn er sagt, man muß nicht überall seinen Dreck in den Klassen verteilen, sondern die Botten am Rost abkratzen. Auch kann jeder seine Scheißpapierchen in den Papierkorb schmeißen und nicht unter die Bank.«

Aber der Herr Pionierleiter hat mir gleich wieder das Wort weggenommen und erwidert, daß er nur von Papierchen gesprochen hat und nicht von dem Unanständigen. So was nimmt er nicht in den Mund, und die anderen sollten sich ein bißchen gewählter ausdrücken und den Ottokar nicht zum Beispiel machen. Er warf jetzt das Wort dem Schweinesigi zu. Dieser sprach, daß die Pioniere sauber und ordentlich sein müssen. Zum Beispiel sollen sie beim Essen mit dem Besteck richtig zielen und genau in die Öffnung der Speisekammer treffen und nicht alles auf den Tisch kleckern. Dann tritt Sauberkeit ein. Der Pionierleiter sagte, es war schon besser, und wir klatschten alle Beifall.

Nach dem Schweinesigi meldete sich die kräftige Wally zum Wort. Sie rief, man muß die Knaben so züchten, daß sie nicht andauernd die Bänke beschmieren und bekritzeln. Auch ist das, was sie kritzeln, nicht immer kulturvoll. Das beste ist, man läßt die Schmierfinken alles bezahlen, dann gibt es zu Hause Senge, und dann müssen die Väter zur Schule kommen, und jetzt muß das Elternaktiv zusammentreten, und es kann gleich an den Herrn Direktor oder an die Zeitung schreiben, wie aktiv das Elternaktiv jetzt geworden ist.

Die Wally mußte aufhören, weil sich der lange Schücht das Wort grapschte. Der lange Schücht sprach wie sein Vater, nämlich so: »Man muß die Pionierversammlung so einschätzen, daß man fragen muß, was ist in Ordnung? Ist es vielleicht in Ordnung, wenn einer die Schulordnung verletzt oder die Disziplin? Nein, das ist nicht in Ordnung, und so kann es nicht weitergehen. Ich denke, man muß das ändern.« Aber mein Freund Harald rief dazwischen, wie lange man sich den Quatsch anhören soll, und man sieht gleich an der schmierigen Tafel, was der lange Schücht für einer ist; denn er hatte Klassendienst. Auch ich schmiß einen Zwischenruf hinein und sagte, man muß einschätzen, daß der lange Schücht ein schöner Redner ist, und man muß ihn fotografieren. Aber sonst ist er eine Schlampe mit viel Knochen und wenig Grips. Amen! In der Klasse rissen sich jetzt alle um das Wort, und der Herr Pionierleiter sagte zu mir, ich muß mich zusammenreißen und keine Religionsworte verspotten.

Einer nach dem anderen nahm das Wort, als nächste die Eveline Wunsch mit ihrem zarten Wuchs, und sie flüsterte, daß man vielleicht an die Fenster Gardinen hängen kann, und sie wird es ihrer Mutter sagen. Denn sie ist eine Schneiderin. Die Mädchen klatschten gleich aus Freundschaft in die Hände, und wir riefen dem Michael Schmidt zu, er soll sein faules Maul aufmachen und die Ehre der Knaben retten. Michael sagte jetzt, er braucht nur seinem Vater einen Wink zu geben, und gleich kommt er nach Feierabend mit seinem Pinsel angerannt, und ruckzuck ist die Klasse neu gemalt. Wir klatschten jetzt noch lauter, und Alfons schrieb alles auf.

Mein Freund Harald ergänzte dazu, daß man vielleicht auch eine Geschmacksbrigade bilden muß. Dort hinein kommen die besten Zeichner und Maler, und als Geschmacksvorsitzende könnte man unsere Zeichenlehrerin Frau Claudia Schmidt-Larsen adoptieren. Sie müssen gegen die schäbigen Wandzeitungen kämpfen oder gegen geschmierte Schülerkunstwerke, auch gegen das Altertum und für die Schönheit unserer Schule. Wie wäre es, wenn man einen Schönheitswettbewerb ausruft? Und wer von den Knaben und Mädchen am meisten getan hat, wird fotografiert und an die Schulwandzeitung geklebt. Alle waren einverstanden.

Aber jetzt kommt das Schwerste. Wir müssen uns einen Ruck geben und einen Fotografen suchen, der es umsonst macht.

Unsere Lehrerfamilie

Zu den wichtigsten Personen unserer Schule gehören neben dem Hausmeister Urian und der Schulsekretärin Stichlein auch die Lehrer.

Das Oberhaupt unserer Lehrer ist unser Herr Direktor Keiler. Er hat dreizehn Frauen und sechs Männer, und man nennt sie zusammen das Lehrerkollektiv. Ein Lehrerkollektiv erkennt man auch daran, daß sie sich gegen uns Schüler wehren müssen oder wenn ein Vater gegen einen Lehrer eine Beleidigung ausspricht. Auch ist sich die Lehrerfamilie einig im Erfinden von strengen Regeln oder beim Überzeugen von mißratenen Schülern. Manchmal sprechen alle Lehrer genau dasselbe, und man merkt gleich, daß sie sich verabredet haben. Schlimm ist für uns Kinder, wenn die Lehrerfamilie auch noch unsere Eltern auf ihre Seite zieht, und man spricht dann auch von einem Kräfteverhältnis, welches man nicht unterschätzen darf.

Früher waren sich die Lehrer nicht so einig, und sie zerfielen in drei Lehrergruppen, nämlich in Volksschullehrer, in Mittelschullehrer und in Oberschullehrer. Das weiß ich von meinem Freund Harald, und der hörte es von seinem Vater, welcher ein Schulrat ist. Und man durfte früher diese drei Lehrergruppen nicht in einen Topf schmeißen, weil es die Gattinnen der Lehrer nicht zuließen. Auch mußte die Frau eines Volksschullehrers die Gattin von einem Oberschullehrer zuerst grüßen. Man nannte dies eine Rangordnung.

Heute gibt es diese Rangordnung nicht mehr, sondern nur noch Unterstufenlehrer, Mittelstufenlehrer und Oberstufenlehrer. Aber das hat nichts zu sagen, denn vor dem Herrn Direktor sind alle gleich. Auch kann es passieren, daß sogar ein Oberstufenlehrer einen Unterstufenlehrer zuerst grüßt; keiner denkt sich was dabei, weil alle gleichberechtigt sind.

Trotzdem muß es ein paar Unterschiede geben, weil sonst der Herr Direktor nicht weiß, auf welche Klassen er die Lehrer verteilt. Nehmen wir einmal die Unterstufenlehrer. Sie sind meistens ein weibliches Geschlecht und darum keine Lehrer, sondern Lehrerinnen. Diese eignen sich besonders gut für die kleineren Kinder, und man muß das erklären. Wenn zum Beispiel unsere Frau Seidenschnur sieht, wie ein kleiner Schüler in der ersten Klasse mit einem Auto spielt, dann wird Frau Seidenschnur noch lange nicht kribbelig, sondern schreitet auf den Schüler zu und spricht ganz lieb: »Ei, was hast du da für ein schönes Auto, da möchte ich auch mal gerne mitfahren. Aber jetzt nicht, sondern erst nach der Schule, und jetzt passen wir erst einmal schön auf, gelle?« Und der kleine Knabe paßt jetzt schön auf und freut sich auf das Klingeln. Wenn dagegen unser Herr Mittelstufenlehrer Burschelmann das sehen möchte, dann ließ er bloß einen kurzen Brüller los, und schon zuckte der spielende Knabe zusammen. Wenn es ein zartes Kind ist, dann zuckt es vielleicht sein ganzes Leben lang. Daran kann man erkennen, daß sich mütterliche Frauen wie Frau Seidenschnur besser für die kleinen Kinder eignen, wogegen ein bulleriger Lehrer wie Herr Burschelmann besser zu uns Mittelstufenknaben paßt.

Aber das ist nicht der einzige Unterschied. Als ich noch in die dritte Klasse ging, da hieß es eines Tages, unser Fräulein Uta Kraut hat ein Leiden und kann heute nicht kommen. Das war schade, denn sie versprach uns eine Geschichte von dem Mädchen auf dem Arm des sowjetischen Soldaten. Dieser steht auf einem Denkmal in Berlin, und wir wollen es besuchen. Aber statt Fräulein Uta Kraut kam unser Herr Direktor Keiler in die Klasse. Er ist ein Oberstufenlehrer. Und er hielt eine lange Rede. Auch mußten wir einmal im Chor schwere Worte schreien, zum Beispiel das Wort Rationalisierung. Daran kann man erkennen, daß ein Unterstufenlehrer lieber erzählt, wogegen ein Oberstufenlehrer viel schwieriger ist.

Jetzt in der 5. Klasse haben wir meistens Mittelstufenlehrer. Einer ist unser Herr Biologielehrer Brettl. Er zeigt oft ein Gewächs vor und läßt es beschreiben, oder er geht mit uns in die Natur und fragt, ob wir was erkennen und wieso. Der Unterschied ist der, daß ein Mittelstufenlehrer in seinem Fach mächtig Bescheid weiß und in den anderen Fächern nicht so gut. Einmal mußte ich mit Variablen rechnen, und es klappte nicht. Da fragte ich Herrn Brettl, ob er vielleicht helfen kann. Aber er sprach, er hat jetzt keine Zeit, und ich soll zu meinem Mathematiklehrer gehen. Da kam unsere Frau Seidenschnur des Wegs und fragte, warum ich so traurig bin. Ich sagte, wegen der Variablen. Darauf antwortete sie, das ist doch ganz leicht, und sie zeigte mir gleich, wie man mit Variablen fertig wird. Daran kann man erkennen, daß die Unterstufenlehrerinnen alles wissen müssen. Deshalb dürfen sie auch mehr Stunden geben als ein Oberstufenlehrer.

Und es gibt noch einen Unterschied. Wenn wir zum Beispiel im Hort sind, und es beginnt die Hausaufgabenstunde, dann dürfen nur ausgewählte Lehrer uns überwachen. Es sind meistens Unterstufenlehrer. Denn dies ist ein Vorzug und eine Auszeichnung für sie. Oberstufenlehrer dürfen das nicht oder nur ganz selten. Daran kann man erkennen, daß es ungerecht ist, wenn man den Oberstufenlehrern diese Freude nicht läßt. Vielleicht gibt es noch mehr Unterschiede, aber das geht uns Schüler nichts an. Denn wir sollen nicht die Lehrerunterschiede lernen, sondern den Unterschied zwischen der Gerste, dem Weizen und dem Roggen oder den Unterschied zwischen zwei Dreiecken oder den Unterschied zwischen dem dritten und dem vierten Fall. Wer das nicht kann, bleibt sitzen.

Unser Herr Direktor Keiler

Unser Herr Direktor Keiler ist der wichtigste und am schwersten belastete Lehrer. Auch wird er am meisten gegrüßt. Oft kommt unser Herr Direktor in die Klassen, wo er sich hinsetzt und zuhört, was wir und die Lehrer gelernt haben. An diesem Tage sind unsere Lehrer immer sehr freundlich zu den Kindern und sagen bitte und danke und machen auch gern ein Witzchen. Und schauen dann zum Herrn Direktor Keiler, ob er lacht. Wenn er nicht lacht und etwas in sein Büchlein kritzelt, dann wird der Lehrer manchmal blaß, oder er bekommt eine zittrige Stimme. Danach sagt der Herr Direktor, wie er von uns Schülern enttäuscht ist. Und wir möchten an die Zukunft denken.

Das haben wir uns zu Herzen genommen, als unser Herr Direktor wieder einmal hereingeschritten kam. Fräulein Uta Kraut hatte uns vom Mond, Mars, Jupiter und von der Venus mit den abgehackten Armen erzählt, und wir sollten jetzt eine Geschichte drumrum machen. Mein Freund Harald hat dann gesponnen, wie er vorne in der Raumschiffkanzel sitzt und immer auf den Bildschirm guckt. Plötzlich schrie Harald: »Alarm! Triebwerke auf volle Kraft, Koordinate wechseln, es kommt ein Hämorrhoidenschwarm!« Das war spannend. Doch an dieser Stelle mußte Fräulein Kraut mächtig lachen, und der Herr Direktor hat sich auf die Schenkel geklopft.

Wenn unser Herr Direktor nicht in die Klasse kommt, dann telefoniert er, oder er gibt der Schulsekretärin Frau Stichlein ein Diktat auf. Dazu muß ein Direktor auf und ab schreiten und immer mal fragen, was er gesagt hat.

Frau Stichlein wiederholt es, und in der großen Pause wissen es alle Lehrer. Deshalb ist die Schulsekretärin die wichtigste Person gleich nach dem Herrn Direktor.

Einmal mußte ich beim Herrn Direktor eine Stunde nachsitzen. In dieser Stunde hat zwölfmal das Telefon geklingelt. Zuerst war die Feuerwehr dran, und unser Herr Direktor war noch ganz freundlich. Er sagte, daß er den Lehrern befehlen wird, von den Kindern Zeichnungen machen zu lassen. Und er wird die Feuersbrünste einschicken. Als zweiter meldete sich der Schrotthändler und redete immerzu auf unseren Herrn Direktor ein. Dieser war noch freundlich und sagte, daß er nichts Besseres zu tun hat. Und er wird alles sortieren, die Eimer zu den Eimern, die Nachttöpfe zu den Nachttöpfen, alle Lokomotiven aufeinander und silberne und goldene Manschettenknöpfe extra. Dann hat es geknackt.

Wie sich der Herr Direktor gerade eine Zigarre ansteckt, klingelt es wieder. Unser Herr Direktor meinte zu dem Telefonisten, daß es viele Leute gibt, die Zeit haben, und es muß nicht alles die Schule machen. Aber dann sagte er dreimal Jawoll und hinterher ein Schimpfwort. Beim vierten Klingeln war meine Mutter in großer Angst wegen mir, weil ich noch nicht zu Hause bin. Der Herr Direktor sagte, ich bin ein Schlawiner und mehrere Schimpfwörter. Aber nur zu mir. Der Herr Direktor hat dann noch viele Versprechungen ins Telefon gegeben. Zum Beispiel, daß der Chor singt, daß er eine Meldung einreichen wird, daß morgen Freitag ist, daß man Sauerampfer mit Pee-eff schreibt, und das andere hab ich vergessen.

Unser Herr Direktor hat keine Schimpfwörter mehr gesagt, sondern Schimpfsätze.

Über dem Direktor steht der Hausmeister Herr Urian, weil er immer sagt: »Ich und der Herr Direktor.« Er hat eine Frau, die er reinemachen läßt, und einen Garten, wo wir gern Äpfel stehlen möchten, aber nicht dürfen, weil wir Pioniere sind.

Unser Herr Direktor hat auch eine Briefmarkensammlung und eine Frau, welche er sein Steckenpferd nennt. Die Frau vom Herrn Direktor ist in einer Fabrik und auch schwer belastet wie alle Frauen. Manchmal erzählt die Frau vom Herrn Direktor im Konsum über ihre Leiden, und sie muß daran denken, daß er früher öfter zu Hause war. Unser Herr Direktor tut dann Buße und spendiert seiner Frau eine Flasche Wein. Das passiert viermal im Jahr, zu Silvester, zum ersten Mai, zum Tag des Lehrers und zum Tag der Republik. Einmal im Jahr pflegt sich der Herr Direktor und geht baden. Dann haben wir Ferien.

Unser Herr Pionierleiter Alfons

Eine wichtige Person ist auch unser Herr Pionierleiter. Er heißt Alfons Spille oder einfach »Pilei der VII.«. Dieses ist sein Spitzname, und er kommt daher, weil er der siebente Pionierleiter ist. Man nennt das in der Geschichte auch eine Thronfolge. Im Gegensatz zu einem richtigen Thronfolger hat unser Herr Pionierleiter kein Schloß, keine goldene Kutsche und keine Familiengruft, sondern eine Jawa, einen Goldzahn und eine junge Frau. Sie ist auch eine Pionierleiterin von der anderen Schule und als solche eine Kampfgefährtin von Pilei dem VII. Wenn sie anfängt zu kämpfen, dann sagt unser Alfons, daß wir uns zusammenreißen müssen. Wir Knaben helfen dann unserem Herrn Pionierleiter sehr, damit er über seine Frau gewinnt. Wer dann die meisten Flaschen gesammelt hat oder am schnellsten rennen kann, ist Sieger. Die Mädchen halten mehr zu Frau Spille, weil sie gleichen Geschlechts sind, und man nennt das auch Verrat.

Jetzt will ich von der Pionierarbeit sprechen. Diese ist meist keine Arbeit, sondern mehr Spiel und Zeitvertreib und Beschäftigung mit Dingen, die Spaß machen, oder auch Sitzungen, welche sehr wichtig sind, damit wir uns später daran gewöhnen. Sitzungen fangen so an. Mein Freund Harald setzt sich auf den Stuhl vom Herrn Klassenlehrer und macht ein ganz ernstes Gesicht. Nur wenn er mich ansieht, dann zuckt es bei ihm, und er muß schnell wegschauen. Zum Beispiel zum Karl-Heinz Brettschneider. Karl-Heinz Brettschneider hat meist sein Pioniertuch vergessen, und dieses ist der erste Tagesordnungspunkt. Wenn alle genug auf Karl-Heinz hineingeredet haben, dann muß uns Karl-Heinz Brettschneider versprechen, daß er das Pioniertuch nie wieder vergißt. Dieses wiederholt sich dann in allen Sitzungen.

Auch verteilen wir auf den Sitzungen verschiedene Aufgaben. Zum Beispiel, wenn einer einen Artikel für die Wandzeitung schreiben muß. Einmal war ich dran. Das Thema lautete: Der Kampf um gute Noten. Ich sagte, das ist nicht schwer. Zuerst nahm ich unsere Zeitung »Die Trommel«, und ich habe mir daraus einige schöne Sätze abgeschrieben als Schmücke. Ich habe eine Rohschrift gemacht und dann eine Reinschrift. Mein Artikel ging so:

Liebe Pioniere! Der Kampf um gute Noten ist ein Höhepunkt unseres Pionierlebens. Wir befinden uns auf dem Vormarsch und marschieren zuversichtlich weiter. Im Sozialismus darf es keine Fünfen mehr geben. Das macht uns stolz und froh. Der Kampf um gute Noten ist eine feine Sache. Wir danken unseren Freunden, den Lehrern, und gehen mit Schwung an die Arbeit. Seid bereit!

Wie ich diesen Artikel vorgelesen habe, haben alle Pioniere geklatscht. Unser Herr Pionierleiter sagte, ich bin ein richtiger Redakteur, und man muß mich für die Wandzeitung wählen.

Doch nach Sonnenschein folgt Regen, und dieser hatte das Gesicht von unserem Herrn Deutschlehrer. Er sagte, daß alles in meinem Artikel fast richtig geschrieben ist, aber ich soll doch einmal erklären, wie wir kämpfen und ob man auf Fünfen und Vieren stolz sein kann. Auch unser Herr Klassenlehrer hielt eine Predigt und meinte, wir sollen ehrlich sein. Da bekam ich eine Wut und habe einen neuen Artikel geschrieben und diesen vorher unserem Herrn Pionierleiter und unserem Herrn Klassenlehrer gezeigt. Sie sagten, es ist schon besser, aber zu grob. Man muß höflicher sein. Und ich soll es noch einmal versuchen. Der letzte Aufsatz lautete dann:

Liebe Pioniere! Unter uns gibt es einige faule Säcke, zum Beispiel den Pinne Speckmann, die dicke Mia, den langen Schücht und Spinner Andreas. Wenn nicht bald ihre Fünfen und Vieren verschwinden, dann können sie was erleben. Auch ist die Disziplin schlecht, besonders bei unserem Fräulein Bella Kohl. Die größten Stänker sind die Zwillingsbrüder Raschke. Man muß ihnen eins überbraten oder sie erziehen. Auch gibt es viele Abschreiber, wie zum Beispiel Claudia Piesel und Barbara Petz. Der Zollmann schnarcht. Das kommt vom vielen Fernsehen. Der Kampf um gute Noten ist ein Höhepunkt in unserem Pionierleben. Seid bereit!

Wie ich diesen Artikel in unserer Gruppe vorgelesen habe, hat niemand geklatscht und keiner hat mehr ein freudiges Gesicht gemacht. Unser Herr Pionierleiter sagte, ich bin ein richtiger Kritiker, und man muß mich wählen für den Gruppenrat. Auch ist das besser als Artikel schreiben, weil man vom Schreiben meist nur Ärger kriegt.

Unser Herr Pionierleiter ist immer für uns da, nur nicht am Sonntag. Am Sonntag müssen manche zur Kirche und manche nicht. Einmal hat unser Herr Pionierleiter am Sonntag mit uns doch einen Ausflug gemacht, weil seine Frau ein Kind bekam. Es war sehr schön. Und die zur Kirche gemußt haben, waren mächtig neidisch. Wenn es nach mir ginge, könnte Frau Spille jeden Sonntag ein Kind bekommen.

Manchmal kommt zu unserem Herrn Pionierleiter ein Oberpionierleiter vom Kreis. Zu ihm muß unser Herr Pionierleiter sagen, wieviel Pioniere wir sind und wieviel Flaschen und Schrott wir haben und wieviel Zirkel und wieviel Abzeichen und wieviel »Trommel« und wieviel Paten usw. Der Herr Oberpionierleiter schreibt dann die Zahlen auf einen Zettel und sagt entweder, das ist gut oder das ist schlecht. Ich habe noch keinen Oberpionierleiter gesehen, der mit uns mal einen Spaß macht oder Judogriffe zeigt oder ein lustiges Lied singt oder zaubern kann. Wenn viele Zahlen über uns aufgeschrieben sind, dann werden wir gelobt. Dieses geschieht entweder vor der Fahne, oder es kommt ein Fotoreporter. An diesem Tage waschen wir uns den Hals und binden das Halstuch um und setzen uns hin, wie der Herr Reporter es vorsagt, damit alle Leute dann beim Zeitunglesen sehen, wie gut wir sind. Pionier sein macht manchmal Spaß, manchmal nicht, zum Beispiel ist es nicht richtig, daß wir alles mit den Mädchen zusammen machen müssen. Wenn wir beim

Geländespiel kämpfen, dann fangen die Mädchen gleich an zu heulen, oder sie verpetzen ihren Lieblingen unser Versteck. Auch haben wir Knaben stärkere Nerven und mehr Kurasche. Die Mädchen dagegen haben noch Puppen und wollen kochen und über Frauensachen reden. Meinetwegen können sie mich alle am Kochtag zum Essen einladen, und wir zeigen ihnen dafür unsere Höhle. Diese hat sogar elektrisches Licht von einem Fahrraddynamo. Einer muß draußen immer trampeln, und wenn er fertig ist, kommt der nächste dran. Unser Herr Pionierleiter und seine Frau waren schon in unserer Höhle und sagten, als sie hereinkamen, »Donnerwetter«, und als sie hinausgingen, »Seid bereit!«

Unser Heidenröslein

Wichtig ist auch, daß ein Lehrer nicht dauernd wechselt, sonst geht es durcheinander.

In unserer Schule ist es manchmal ganz verkehrt, weil wir einmal diesen Lehrer in Deutsch haben, im nächsten Jahr wieder jemand anders und zwischendurch vielleicht öfter wieder einen anderen Lehrer, und man muß sich immer umstellen und aufpassen, daß wir seine Lieblingseigenschaften erkennen. Wie die Schule anfing, haben wir zum Beispiel erst Herrn Burschelmann in Mathematik und Erdkunde gehabt, und er sagte immer, das ist sein Revier, wo er sich auskennt. Jetzt ist der Herr Burschelmann unser Herr Deutschlehrer, auch gibt er Gesang. Wenn wir beim Herrn Burschelmann singen, dann prüft er meist nur unsere Stimmen, weil Herr Burschelmann selbst nicht singen kann, und es ist ein Geburtsfehler bei ihm. Wogegen zum

Beispiel Fräulein Uta Kraut schon frühmorgens, wenn sie aufsteht, trällert wie eine Heidenlerche. Und Frau Hermine Bruns, welche ihre Mietsmutter ist, spricht dazu: Sie hat eine vergoldete Kehle. Fräulein Uta Kraut gibt aber in unserer Schule nicht Musik, sondern Mathematik. Und unser Herr Burschelmann nennt diesen Zustand Wilddieberei. Und es wird Zeit, daß die Wechseljahre bald vorbei sind.

Eines schönen Tages kam der Herr Burschelmann wieder in unsere Klasse geächzt und sprach mit kräftiger Stimme, wir müssen uns jetzt vorstellen, daß wir nicht in der Schule sitzen, sondern auf der Heide. Wer sich das nicht denken kann, soll wenigstens seinen Schnabel halten und nicht mit den Bänken knarren, sonst zerstört er die Poesie. Diejenigen, welche Phantasie haben, sollen sich umschauen und sagen, was sie sehen.

Mein Freund Harald sprach, er sieht eine verschlammte Tafel, und man muß dem Klassendienst gleich noch eine Woche draufbrummen. Unser Herr Burschelmann antwortete, das stimmt, aber der Harald taugt nicht für die Poesie. Und der Herr Burschelmann wollte wissen, ob vielleicht auf einer Heide verschlammte Schultafeln stehen? Einige von uns riefen nein! Wie Herrn Burschelmann die Zeit zu lang geworden ist und wir immer noch nicht gesehen haben, was Herr Burschelmann hat sehen wollen, sprach er deutlich: Er sieht ein Heidenröslein. Jetzt haben einige von uns das auch gesehen und riefen aah! Unser Herr Burschelmann hat sich aber nicht so gewundert wie wir. Er schlug das Lesebuch auf und rief Ruhe! Denn jetzt wird er das Gedicht vom Heidenröslein vorlesen.

Als Herr Burschelmann das Heidenröslein hinter sich hatte, fragte er, ob einer den Inhalt nacherzählen kann. Ich habe mich als erster gemeldet und sprach: Ein Knabe, welcher jung und am Morgen schön war, hat auf einer Heide ein Röslein gesehen und ist schnell darauf zugerannt. Der Knabe hat erst mit dem Röslein diskutiert, ob es sich brechen läßt. Das Röslein entgegnete, daß es sticht, und der Knabe kriegt einen Denkzettel ab. Aber der Knabe, welcher ein wilder war, machte knacks, und ab war das Röslein. Dieses hat sich mächtig gewehrt und um sich gestochen und Auweia und Ach geschrien, aber es hat alles nichts geholfen. Denn das Röslein war rot.

Unser Herr Burschelmann sagte, es war fast richtig, aber aus mir wird niemals ein Dichter, und wir sollen unsere Ohren aufsperren und ein Gefühl für das Schöne mitbringen. Er wird es gleich noch einmal vorlesen. Herr Burschelmann hat es jetzt mächtig betont und ist manchmal mit der Stimme nach oben oder nach unten geklettert, je nachdem. Als er sprach, ich steche dich, schnellte sein Zeigefinger wie ein Dolch auf den Schweinesigi, welcher gleich zusammenzuckte.

Danach meldete sich Elvira Munk und sagte, sie hat schon ein solches Heidenröslein gesehen, es war in der Scharfheide. Wo, fragte unser Herr Burschelmann und schlich wie ein Panther zu Elvira Munk. Wie sie wieder dasselbe sagte, ließ Herr Burschelmann gleich die Atlanten aufschlagen, und er war plötzlich wieder in seinem alten Revier. Und wir mußten alle im Chor Schooorfheide brüllen. Wir haben noch sämtliche Heiden vorwärts und rückwärts aufsagen müssen, da war die Stunde um. Und wer zum nächsten Mal das Heidenröslein nicht kann, schreibt es zehnmal ab.

Wie der Tag heran war, wo wir es aufsagen mußten, war Herr Burschelmann zu einem Lehrgang für Rettungsschwimmer, und wir waren sehr froh. Auf einmal ging die Tür auf, und Fräulein Uta Kraut kam als ein Ersatz hereinspaziert. Mit ihrer Gitarre. Sie hat sich gleich beim

Schweinesigi auf die Bank gesetzt und immer ein bißchen gezupft und geklimpert und dazwischen geplaudert. Von einem Spaziergang auf der Heide. Auch hat sie sehr schön die Landschaft beschrieben, und sie liebt sie sehr. Mit einem Male fing sie ganz leise an zu singen, sah ein Knab ein Röslein stehen. Wir lauschten alle dem schönen Gesang, und sogar die wilden Knaben.

Seitdem nennen wir Fräulein Uta Kraut unser Heidenröslein und Herrn Burschelmann unser Heidenroß. Aber er weiß es nicht, weil man höflich sein muß.

Unsere lieben Horttanten

Wichtig für das Leben sind auch die Kreuze. Unser Herr Direktor hat zwei Kreuze. Das eine Kreuz braucht er zum Bücken und zum Aufrechtstehen. Das andere ist zwei Häuser weiter und heißt Schulhort. Warum es auch Kreuz heißt, weiß mein Freund Harald ganz genau, und er hat gehört, wie unser Herr Direktor zu Haralds Vater sagte: Der Hort ist ein rechtes Kreuz. Das zeigt, daß die Erwachsenen unter Kreuz mal das, mal das verstehen.

Seit den letzten Sommerferien gehe ich auch in den Hort. Und ich habe noch kein Kreuz dort gesehen, sondern allerlei anderes. Zum Beispiel eine Küche, in die wir gern hinein wollen, aber nicht dürfen, oder einen Waschraum, in den wir nicht gern hinein wollen, aber müssen. In der Küche ist eine Kochfrau. Sie heißt Tante Frieda und hat ein mütterliches Gesicht und eine weiße Schürze um, wenn Besuch kommt.

Tante Frieda sagt immer: Wir sollen uns ein Beispiel an ihr nehmen und tüchtig essen. Ich nehme mir aber kein

Beispiel an ihr, weil ich dann nicht mehr in die Schulbank passe. Auch ist es in der Küche und im Speiseraum blitzblank, und man kann vom Fußboden essen, meint unser Herr Elternbeirat. Wie ich einmal vom Fußboden gegessen habe, kam gleich Tante Gertrud angefegt und sagte: Man kann nicht vom Fußboden essen. So kommt es, wenn sich die Erwachsenen nicht einig sind.

Der richtige Name von Tante Gertrud ist Frau Gertrud Zopf. Ich und wir Knaben sagen zumeistens nicht Tante, weil wir nicht mehr im Kindergarten sind. Viele Mädchen sagen Tante, weil sie sich anschmusen wollen. Auch verstehe ich unter Tanten richtige Tanten und nicht solche, die nur so tun.

Tante Gertrud ist strenger als eine strenge Lehrerin. Wenn draußen die Sonne scheint und man hört das Gebrüll vom Fußballplatz, dann fragen wir Knaben uns immer, wie lange wir es noch aushalten müssen in der dicken Luft? Aber Tante Gertrud sagt: Man muß diszipliniert sein, und es gibt einen Plan. Wenn auf dem Plan steht: Schraps hat den Hut verloren, dann müssen wir Schraps seinen Hut so lange suchen, bis auf dem Plan was anderes steht. Zum Beispiel: Hänschen, piepe mal oder Kettchen fädeln.

Im Hort müssen wir alles gemeinsam machen wie auf ein Kommando. Heißt das Kommando: »Wir spielen ›Mensch ärgere dich nicht‹«, dann dürfen wir uns alle zusammen nicht ärgern. Heißt das Kommando: »Alles, was Flügel hat, fliegt hoch«, dann gehen wir alle mit den Händen hoch. Wer nicht mitmacht, kriegt eine Eintragung ins Hortbuch und eine schlechte Note in Betragen. Dieses wandert dann zu unserem Herrn Klassenlehrer, und er liest das Hortbuch mit Runzeln. Die Kinder, die nicht in den Hort gehen, haben es manchmal besser. Wenn sie angeln gehen wollen, dann gehen sie angeln; wenn ein Zirkus durch den Ort zieht, dann dürfen sie hinterherziehen; wenn sie keine Lust zum Spielen haben und lieber dafür eine spannende Geschichte lesen wollen, dann pfeifen sie aufs Spielen. Und dafür bekommen sie keine Eintragung. Tante Gertrud sagt immerzu: Es ist eine große Auszeichnung, wenn wir zum Hort gehen dürfen; und wir sollen an das Hortbuch denken.

Einmal, als Tante Gertrud krank war, kam Fräulein Julia Wetzel von der anderen Hortklasse zu uns. Sie ist eine Sportlerin mit langen Beinen und einem schönen Mund. Als einige Mädchen Tante Julia sagten, fragte Fräulein Wetzel, ob sie richtig hört und ob sie wie eine Tante aussieht. Wir Knaben sagten, sie sieht nicht wie eine Tante aus.

Fräulein Wetzel stellt sich immer ganz dumm und fragt: »Ach, was wollen wir denn heute spielen?« Jeder zählt dann allerlei schöne Sachen auf. Fräulein Wetzel sagt dann: »Ach, das müßt ihr mir mal zeigen« oder: »Ach, ich weiß gar nicht, wie man das macht!« Wenn wir ihr so allerhand beigebracht haben, dann sagt Fräulein Wetzel: »Ach, ich hab jetzt auch eine Idee.« Und dann bringt sie uns was bei; und so geht das weiter, mal bestimmen wir was, mal Fräulein Wetzel. Auch hat sie keine Angst vor Sonnenschein und Regen. Mein Freund Harald und ich sind bei Fräulein Wetzel von unseren schweren langweiligen Leiden geheilt worden.

Fräulein Wetzel hat auch im Gegensatz zu Tante Gertrud einen Freund, der ein Student ist. Wenn es draußen leise pfeift, dann geht Fräulein Wetzel ans Fenster und flüstert ein bißchen. Wenn der Freund viel Zeit hat, kommt er auch manchmal herein und rechnet mit uns ulkige Aufgaben, zum Beispiel: Von fünf Brüdern hat jeder eine Schwester, wieviel Kinder sind das zusammen? Und auch schwerere

Sachen. Einmal stellten wir auch der Tante Gertrud diese Brüderaufgabe. Sie sagte: »Zehn Kinder«, und wir sagten: »Das ist falsch.« Sie sagte: »Dann rechnet ihr es doch vor!« Und als wir es gerechnet haben, sagte sie, daß sie nur sehen wollte, ob wir auch richtig denken können. Daran kann man erkennen, wie schwer wir es mit den Erwachsenen manchmal haben. Sie sagen schwarz und denken in Wirklichkeit weiß, und wir Kinder müssen herausbekommen, was sie denken.

Einmal im Jahr kommt auch unser Herr Direktor in den Hort, und es ist eine große Überraschung. Er läßt sich alles zeigen und macht auch mal ein Spielchen mit, zum Beispiel mit der Dame. Tante Gertrud ist dann ganz zitterig und liest dem Herrn Direktor aus dem Hortbuch vor. Wenn der Herr Direktor bei uns ist, geht er zuallererst auf seine Lieblingsplätzchen, nämlich in die Toiletten, wo er sich alles genau anschaut, und in den Waschraum. Und er sagt dann sein Lieblingswort: Sauberkeit ist die halbe Gesundheit. Als er mein Handtuch gesehen hatte, brummte er aber, daß es viel zu sauber ist und zu glatt. Und ich soll mir ein Beispiel an den anderen Handtüchern nehmen. Daran kann man sehen, daß manche Erwachsene nicht mehr wissen, was sie vor einer Sekunde gesagt haben.

Unsere Klasseneltern

Neben den Lehrern sind die wichtigsten Personen unsere Eltern.

Eines Tages mußten wir in unser Deutschheft hineinschreiben: »Liebe Eltern, am Donnerstag ist um 20 Uhr im Klassenraum 5 a eine Klassenelternversammlung. Wir bitten um zahlreiches Erscheinen.« Meine Mutter hat mich gleich strafend angesehen und gesagt, daß sie nicht weiß, ob sie sich freuen oder schämen soll. Und sie wird schon hören, was ich wieder ausgefressen habe. Dann gab sie mir einen Katzenkopf, weil ich Erscheinen klein geschrieben habe, und sie sprach, aus mir wird entweder ein Tagedieb oder ein Subjekt. Aber ich dachte mir, ein Subjekt kann ich nicht werden, weil das ein Satzgegenstand ist; dann schon lieber ein Tagedieb. Und ich werde dann immer die Tage stehlen, wo Elternversammlungen sind. Als es soweit war, hat meine Mutter ein schönes Kleid angezogen und Parföng hinter das Ohr gerieben. Mein Vater war schon fertig und fragte, wie lange es noch dauert und ob die Mutter zu spät kommen will. Mutter sagte, sie will nicht zu spät kommen, und der Vater soll mich ins Bett schicken. Ich konnte den Befehl kaum erwarten. Ich bin dann aber nicht ins Bett gegangen, sondern durch die Balkontür auf die Straße. Dort habe ich dreimal gepfiffen, bis mein Freund Harald kam. Wir sind jetzt ganz schnell zur Schule gelaufen in unsere Klasse, wo wir uns hinter dem Vorhang versteckten. Dieser verkleidet eine braune Tür, hinter der meist unser Herr Direktor sitzt und lauscht, wenn er müde ist vom Diktieren und Telefonieren.

Zuallererst kam unser Herr Klassenlehrer. Als er gesehen hat, daß noch keine Eltern da sind, hat er sich hinter den Tisch gestellt und seine Stimme ausprobiert, indem er sagte: Liebe Eltern, ich freue mich, daß Sie so zahlreich erschienen sind. Mein Freund Harald hat sich die Nase zugehalten und sein Taschentuch in den Mund gestopft, und ich habe schnell im Kopf das große Einmaleins von hinten aufgesagt, weil das so ulkig war. Bald darauf kamen meine Eltern und setzten sich direkt vor unser Versteck. Auch Haralds Vater ist gleich hinterhergekommen, denn er ist ein Schulrat. Meine Mutter sagte zu Haralds Vater, wie gut es die Kinder zu Hause haben, wo es warm ist. Aber in unserem Versteck war es nicht warm. Es zog aus den Ritzen vom Herrn Direktor wie Hechtsuppe.

Als die Klasse halbvoll war, hielt unser Lehrer eine Rede. Zuerst über Politik und daß wir Kinder eine große Zukunft sind. Und die Eltern müssen unseren Augapfel hüten. Wie unser Lehrer mit der Politik fertig war, las er aus dem Klassenbuch Zensuren vor. Bei den guten Noten haben die Eltern ein stolzes Gesicht gemacht, bei den schlechten ein verkniffenes; meine Mutter mal so eins, mal so eins, je nachdem. Haralds Vater hat alles mitgeschrieben, und mein Freund flüsterte, daß er das noch einmal zu hören kriegt. Mir reichte es schon das eine Mal.

Zuerst wollte keiner von den Eltern sprechen, bis unser Herr Lehrer einen alten Witz gemacht hat, indem er sagte, daß der zweite anfangen soll. Es dauerte nicht mehr lange, da ist der Herr Frisörmeister Zwirbel aufgestanden und hat gesagt, daß einer anfangen muß und wie er sich wundert, weil er immer dieselben Gesichter sieht. Und so kann es nicht weitergehen. Er schlenkerte mit den Armen, als wenn er Seifenschaum auf den Fußboden klatscht.

Alle Eltern haben sich jetzt mitgewundert, und Haralds Vater hat alles aufgeschrieben. Dann ist eine Mutter aufgestanden und hat gebeten, daß unser Herr Lehrer ihre Brunhilde in eine andere Bank setzen soll, weil sie dauernd den Schlüpfer zerreißt. Damit keiner denkt, daß sie lügt, hat sie den Schlüpfer aus der Tasche geholt und auf des Lehrers Tisch gelegt. Dieser rümpfte jetzt die Nase und sprach, wir wollen nicht über Unterwäsche reden, sondern über den Inhalt. Und er wird vom Hausmeister untersuchen lassen, woher die Risse kommen. Und Haralds Vater hat alles aufgeschrieben. Auf der anderen Bank saß eine Frau mit vielen blitzenden Ringen und Gehängen. Sie hat eine Tochter, die mächtig angibt und bei uns die faule oder auch dicke Mia heißt. Sie hat eine goldene Armbanduhr und viel Geld und einen Freund, dem sie in der Stunde Liebesbriefe schreibt. Als wir für die alten Leute an einem kalten Wintertage Kohlen holten, hat Mia am Fenster gesessen, weil sie sich nicht dreckig machen darf. Die Mia ist schon einmal sitzengeblieben und unser negativer Kern.

Jetzt hat Mias Mutter immerfort ihren Mann in die Seite gestuckt und gefragt, wie lange er noch feige ist. Als es ihm zuviel wurde, ist er aufgestanden, und hat gesagt, daß er und seine Frau gute Schüler waren. Und wenn Miriana schlechte Noten hat, dann ist das entweder ein Irrtum oder noch schlimmer. Seine Frau hat immer dazwischengezischt und zu den Leuten drumherum gesagt, daß sie sich nicht aufregen will. Und Haralds Vater hat alles aufgeschrieben.

Unser Herr Lehrer hat jetzt beschrieben, wie er die Tochter Mia kennt und ihre Schwäche, und daß sie sich von niemand helfen lassen will. Auch darf man ein Kind nicht verwöhnen.

Zuerst war ein großes Murmeln in der Klasse, und die Leute sagten zueinander, wie streng sie zu ihren Kindern sind und daß man sie kurzhalten muß. Sigis Vater ist aufgestanden und schlug vor, ein Ensemble zu studieren. Entweder die faule Mia lernt, oder es ist Sense mit dem Taschengeld. Sigis Vater ist Schweinemeister und in dieser Eigenschaft unser Betreuer oder auch Pate genannt.

Wallys Mutter zählte alle ihre Kinder auf. Und sie kosten viel Geld und müssen sich darum immer das Sprüchlein vorsagen, wer den Pfennig nicht ehrt, ist den Groschen nicht wert. Auch habe ich gesehen, wie es bei meinem Vater zuckte und wie ihn meine Mutter ermahnte, er soll den Mund nicht so weit aufmachen. Mein Vater sprach dann doch, und zwar von seiner Brigade und einem Bummler, der erst ein schwarzes Schaf war und später dann ein Aktivist wurde. Die Leute haben geklatscht, und meine Mutter hat ganz stolz ausgesehen; und Haralds Vater hat das auch aufgeschrieben und dreimal unterstrichen.

Nachher ist Haralds Vater aufgestanden und hat gleich noch eine lange Rede gehalten und öfter erstens, zweitens und drittens aufgezählt. Jetzt hat unser Herr Klassenlehrer alles mitgeschrieben und gesagt, wie ihm das hilft. Und man muß dankbar sein.

Eine Weile war es ganz still, bis eine Frau sagte, daß in der Klasse ein Schüler namens Ottokar ist, der immer Spinnen auf die Mädchen setzt. Die Frau nannte mich einen Tierquäler und schimpfte, daß man mit einer Spinne ihre Tochter nicht erschrecken darf. Denn sie ist nützlich und frißt Fliegen.

Wie ich das hörte, bin ich vor Wut aus meinem Versteck gesprungen, hab meine Spinne aus der Tasche geholt und der Frau in die Hand gelegt und dabei gesagt, daß ich kein Tierquäler bin.

Als die Frau wieder aufwachte, haben alle Leute meine Spinne in die Hand genommen und mit ihr gespielt. Denn sie ist aus Plaste und hat Beine aus dünnem Spiraldraht, die immer zittern.

Alle mußten mächtig lachen, nur meine Eltern nicht. Mein Vater sagte zu Hause, daß er mir keine Spinne mehr schenkt; und meine Mutter nannte mich eine Schande und ein Subjekt. Ich will mich bessern, weil mir die Mutter leid tut – aber von Grammatik versteht sie nichts.

Ottokar, das Früchtchen

Was man sich zum neuen Jahr verspricht

Bevor ein neues Jahr anfängt, versprechen alle Erwachsenen gegenseitig, wie sie sich alles Schlechte abgewöhnen und bessern wollen. Nehmen wir als ein schönes Beispiel meinen Vater. Er schwörte der Mutter, daß er im neuen Jahr nicht mehr rauchen wird, und er gab ihr am Silvesterabend die letzten Zigaretten, damit die Mutter dieselben verschenkt oder aufbewahrt. Auch soll sie sich nicht mehr über die gelben Gardinen ärgern. Meine Mutter war ganz stolz auf den Vater, weil er dazu ein so entschlossenes Antlitz schnitt, und sie sprach, das ist ein guter Vorsatz, und sie wird es dem Vater nachmachen und auch ein bißchen sparsamer leben. Für das eingesparte Geld kann man verreisen oder auf einen Trabanten sparen oder eine neue Müllschippe kaufen oder einen anderen Luxus anschaffen. Der Vater gab ihr recht und sagte, man muß es nur wollen.

Als der Vater am 1. Januar aufstand und stöhnte, merkte man ihm noch nicht viel an. Im Gegenteil, er schrie laut in die Küche hinein, daß es ihm schon gar nichts mehr ausmacht, wenn er keine Zigaretten raucht. Erst nach dem Frühstück juckte es den Vater. Er griff in die Hosentasche, und als er merkte, daß sie leer war, erinnerte er sich plötzlich wieder an sein Versprechen, und er sagte, daß er einen

Willen hat. Diesen Willen zeigte er auch nach dem Mittagessen. Und erst später, als ich zu meinem Vater sagte, er steht im Schach, da zuckte er zusammen und seine Hand in die Hosentasche, und sie war leer. Ich fragte den Vater, ob ich ihm eine Kippe aus seinen Anzügen suchen soll, und es braucht ja die Mutter nicht zu wissen. Aber der Vater antwortete, man muß stark sein. Es ist nur am Anfang so schwer, und er kennt das vom vorigen Jahr. Darum nahm er wieder eine Salzstange, steckte sie in den Mund, bis dieselbe langsam im Vaterleib verschwunden war.

Nachdem mein Vater die dritte Schachpartie verloren hatte, gab er auf und sagte, daß er heute nicht ganz hier ist, und er muß andauernd daran denken, wie langsam die Zeit bis zum Kaffee vergeht; denn er hat schon wieder Hunger. Meine Oma meinte, das kommt davon, weil er nicht mehr raucht, und er wird jetzt endlich bald dicker werden wie der seelische Großvater, welcher an einem fettigen Herzen gestorben ist. Auf diese frohe Botschaft ist aber mein Vater nicht eingegangen, weil er immer daran denken mußte, daß er jetzt zwei Willen braucht, den einen gegen das Rauchen und den anderen gegen das viele Essen.

Nach drei Tagen fragte meine Mutter, wie es dem Vater bekommt. Er antwortete, man muß es eben durchstehen. Er nahm deshalb nach dem Abendbrot ein Buch und begann zu lesen. Als er drei Seiten gelesen hatte, klappte er es wieder zu und verlangte meine Schularbeiten. Ich sagte, daß wir keine aufhaben, weil heut doch der letzte Ferientag ist. Mein Vater hat sich gleich aufgeregt und rief, was das für eine Einstellung ist und ob ich nicht weiß, daß man immer lernen muß. Deshalb gibt es für niemanden Ferien, und ich soll sagen, ob ich ihn verstanden habe. Ich dachte, sicher ist sicher, und antwortete ja. Meine Mutter stellte dem

Vater schnell was zum Knabbern hin, wogegen sie mich ins Bett trieb und sprach, ich soll den Vater nicht mit meinem großen Mund reizen. Denn er macht jetzt eine schwere Zeit durch.

Als dann der Sonnabend da war, besuchten uns der Herr Gottfried Senkel und der Herr Erwin Hardtbrodt, und sie fragten den Vater, ob er nicht Lust zu einem Spielchen hat. Meine Mutter sagte, das ist schön, und es wird den Vater ablenken. Aber keiner darf rauchen, weil das ansteckt, und mein Vater muß sich mächtig zusammenreißen. Der Herr Senkel sagte, daß er dazu nur gratulieren kann, und er kriegt das nicht fertig. Als sie eine halbe Stunde lang gespielt hatten, schrie der Herr Hardtbrodt plötzlich, er hat was Wichtiges vergessen, und er muß schnell nach Hause. Der Herr Senkel kam auch gleich mit. Draußen vor der Tür steckten sie sich mit zitterigen Händen eine Zigarette an, wogegen mein Vater ein neues Päckchen Pfefferminzchen holte.

Nach ein paar Tagen traf meine Mutter den Herrn Zicken-Maier aus der Brigade meines Vaters. Der Herr Zicken-Maier ist in der Begeäll und wollte wissen, was mit meinem Vater los ist. Er ist ziemlich knurrig und reizend und darum gleich aus dem Häuschen, und der Herr Zicken-Maier fragt sich andauernd, ob man ihn nicht einmal zum Arzt schicken sollte. Meine Mutter antwortete, daß mein Vater nicht mehr raucht, darum müssen alle Rücksicht nehmen. Der Herr Zicken-Maier wackelte mit dem Kopf und ging von dannen.

Als der Januar fast um war, kam mein Vater wie ein Weihnachtsmann nach Hause und schmiß mit allerlei Päckchen um sich. Er rief dazu, daß es eine schöne Jahresendprämie gab, und die Mutter soll probieren, ob ihr die Bluse paßt, auch kann man zu dem Staubsauger später eine Klopfmaschine kaufen, wogegen er den Eierschnaps und die Schürze der Oma schenkte. Die Oma war froh; denn sie war blau mit roten Kringeln, und der Vater sagte, man braucht sie nur zu waschen und an die Luft zu hängen, und wenn sie trocken ist, kann man sie gleich wieder anziehen. Es ist eine bügelfreie Schürze. Auch meine Schwester und ich wurden reich beschenkt.

Meine Mutter fragte, ob der Vater auch an sich gedacht hat, und sie wird ihm gleich einen schönen Kaffee kochen und was Gutes vorsetzen. Aber der Vater antwortete, er braucht nichts, und er hat alles, und er freut sich, wenn sich die anderen freuen. Auch hat er an sich gedacht, indem er eine neue Sorte Bonbons entdeckte. Sie enthalten zerriebene Nüsse. Aber als er dasaß und einen lutschte, war sein Gesicht gar nicht so freudig wie das unserige. Jetzt bekam meine Mutter ein Mitleid, und sie nahm schnell ihr Taschentuch, schneuzte mächtig und lief hinaus. Als sie wieder reinkam, legte sie dem Vater eine Zigarette auf den Tisch, und er darf zur Feier des Tages einmal. Der Vater rief, ob ihn die Mutter vielleicht verführen will. Aber sie antwortete, das hat sie schon vor sechzehn Jahren gemacht. Der Vater lachte jetzt ganz fröhlich und sprach, er nimmt sie zum Abgewöhnen. Daran kann man erkennen, daß die Frauen jeden Willen brechen. Deshalb heirate ich nicht.

Unsere Winterfreuden und Winterleiden

Der Februar zerfällt in zwei Teile, in Winterfreuden und Winterleiden. Die Winterfreuden bestehen darin: Im Februar gibt es Ferien. Darüber freuen sich nicht nur wir Kinder, sondern auch unsere Lehrer und Pionierleiter, indem sie uns betreuen dürfen, und man nennt das auch Feriengestaltung. Man muß das an ein paar Beispielen schildern.

Als der letzte Schultag heran war, kam noch einmal unser Herr Pionierleiter Alfons in die Klasse und sprach: Jetzt lese ich den Ferienplan vor. Wer einverstanden ist, soll es sagen. Ich meldete mich gleich und sagte, daß ich einverstanden bin. Aber unser Alfons zeigte seinen Goldzahn und rief, er hat ja noch gar nichts vorgelesen, und darum kann ich nicht sagen, daß ich einverstanden bin. Ich antwortete, daß ich es trotzdem bin, und man muß anerkennen, wieviel Mühe sich unser Pionierleiter gemacht hat, indem er unseren Geist schonte und den Plan ganz alleine ausdachte. Deshalb bin ich dankbar dafür. Aber der Gruppenratsvorsitzende, mein Freund Harald, war nicht so dankbar, sondern rief, ich soll die Klappe halten, und der Alfons möchte bitte vorlesen.

Nachdem der Plan vorgelesen war, riefen einige, das ist prima, und sie sind einverstanden. Mein Freund Harald sagte, man kann in einer Versammlung nicht einfach so rumschreien, sondern muß abstimmen. Wer dafür ist, hebt die Hand. Alle haben sie jetzt die Hand gehoben, bloß ich nicht, und mein Freund Harald fragte streng, was los ist. Ich antwortete, daß ich nicht abstimmen kann, weil ich schon wieder vergessen habe, was am Anfang vorgelesen wurde. Deshalb möchte man bitte den Plan noch einmal ganz langsam wiederholen.

Die anderen schrien jetzt auf mich ein, aber der Alfons rief am lautesten Ruhe und meinte, man muß das eben tun, wenn einer mit einem schwachen Gedächtnis dabei ist. Er las noch einmal, und der erste Punkt lautete: »Wir nehmen uns eine Winterwanderung zu den Buckelbergen vor.« Unser Pilei wollte gleich weiterlesen, aber ich fragte ihn, ob er noch ein bißchen warten kann; denn ich muß nachdenken. Aber die Wally hat schneller nachgedacht als ich und wollte wissen, ob man nicht gleich zu den sowjetischen Freunden wandern und ihnen zum Tag der Sowjetarmee gratulieren kann.

Unser Alfons zeigte jetzt wieder seinen Goldzahn und sprach: Sehr gut. Die anderen wollten auch eine Note von ihm haben und sagten allerhand dazu. Zum Beispiel die schöne Sonja Zunder: Wir schenken den Freunden ein Fotoalbum von uns. Klaus Bieber schlug vor, den Soldaten eine große Schneehütte zu bauen und dort unsere Geschenke hineinzulegen. Wer aber in die Hütte will, muß erst ein Lied singen oder ein Gedicht aufsagen oder was pfeifen. Der lange Schücht schrie, wer das nicht kann, darf auch einen russischen Tanz tanzen oder einen Handstand machen. Oder er muß mit einem Schneeball ein Ziel treffen. Und so kamen noch viele interessante Vorschläge.

Unser Herr Pilei mußte jetzt dauernd gute Noten verteilen, und er fragte mich, wieso ich noch nichts gesagt habe. Ich antwortete, der Punkt ist sehr schwer, und man muß darüber nachdenken, zum Beispiel, was wird, wenn kein Schnee liegt. Der Schweinesigi hat jetzt wieder schneller nachgedacht als ich und rief, das ist ganz einfach, indem man die Freundschaftsgeschenke in eine Schatzkiste packt, vergräbt, und die Freunde müssen diese Kiste suchen, sagen wir durch Kundschafter. Wenn das die Kundschafter nicht herauskriegen, dann kann ja ein Pionier als Kundschafteranleiter mitgehen, oder wir rufen bloß heiß oder kalt, und dann muß man ja langsam dahinterkommen, wo der Schatz vergraben sein könnte. Aber unser Pilei meinte, das mit dem Kundschafter geht nicht; denn Kundschafter sein ist eine ernste Sache, und da soll man keine blöden Späße damit machen, und wir nennen die Kundschafter einfach Schatzsucher. Ich antwortete jetzt, daß Schatzsucher vielleicht auch nicht ganz richtig ist; denn Schätze haben meistens Piraten und andere Lumpen versteckt. Wir dagegen sind Pioniere, darum nennen wir die Schatzsucher lieber Pionierfreundschaftsgeschenksucher. Damit waren alle lachend einverstanden, und ich bekam vom Alfons auch ein »Sehr gut!«

Als wir die Punkte durch hatten, waren auf einmal schon zwei Stunden um, und wir hatten noch nicht alles gesagt. Denn der Herr Pilei hatte in seinem Plan die Timurtrupps vergessen, und er wollte wissen, wie wir uns das denken. Die Bärbel Patzig flüsterte, man kann vielleicht für die alte Frau Schlauch einkaufen gehen. Jetzt wußten viele, was man mit der alten Frau Schlauch anfangen kann, zum Beispiel: Man kann bei ihr fegen, die Mädchen in der Stube, die Knaben auf der Straße. Man kann Kohlen holen oder ihr den Fernseher einschalten. Wenn man sieht, daß die alte Frau Schlauch einen schwarzen Kanal hat, kann man mit ihr darüber diskutieren. Und noch mehr so schöne Vorschläge. Die dicke Mia meinte, man muß auch an die Tiere des Waldes denken. Zum Beispiel sollte man sich mit Rehen und Vögeln beschäftigen. Am besten ist, man hilft dem Förster oder hängt einen Maiskolben zum Fenster raus oder baut ein Futterhäuschen. Der Schweinesigi erwiderte, man darf auch die alten Männer nicht vergessen, zum Beispiel den alten Herrn Josef. Einmal war es so glatt, da ist der Herr Josef dauernd hingefallen. Deshalb hab ich ihn auf meinen Schlitten gesetzt und nach Hause gefahren. Aber seine Frau hat geschimpft, weil der alte Herr Josef bloß besoffen und deshalb zu einer hilflosen Person geworden war.

Als alle ihre Vorschläge gemacht haben, fragte mich der Alfons, ob mir vielleicht noch was einfällt. Ich sagte ja.

Man könnte zum Beispiel in die Stadt fahren und eine Pelzschau besichtigen. Der Herr Pionierleiter antwortete, er kennt das nicht, und ich soll sagen, wo es das gibt. Ich sprach, die Pelzzucht ist im Eisstadion, und man kann sie zweimal in der Woche bewundern. Dorthin kommen die feinen Mütter mit ihren Töchtern zum Training. Die Töchter zeigen ihre Eislaufkunst und Sprünge und Doppelaxel und so was, wogegen die Mütter ihre schönen Pelze vorführen. Auch sind sie sehr teuer und stolz, und im Fernsehen kann man beobachten, daß sie die Töchter andauernd küssen müssen, damit die Leute mitkriegen, wie sie sich lieben.

Unser Herr Pilei blitzte jetzt wieder mit dem Goldzahn und entgegnete, daß wir dort wahrscheinlich nicht ohne weiteres hineinkommen, weil wir keine Pelze haben, und wir können ja bei uns ein Eisfest machen, zum Beispiel mit einem Eishockeyspiel gegen eine andere Schule. Oder vielleicht sogar einen Eiszirkus. Damit waren wir einverstanden. Mein Freund Harald und ich und wir beide gaben die Selbstverpflichtung ab, Plakate zu malen. Wer unseren Zirkus sehen will, muß eine Spende für Vietnam geben. Die vom Kindergarten dürfen umsonst rein, weil sie noch nicht lesen können. Als wir fertig waren, fragte mich der Herr Pionierleiter, ob er den Ferienplan und die neuen Notizen noch einmal vorlesen muß. Ich sagte, es ist jetzt nicht mehr nötig, und es hat sich herausgestellt, daß die Pioniere gar nicht so blöd sind, und man muß ihre Vorschläge ernst nehmen und bewundern.

Jetzt kommt der zweite Teil vom Februar, nämlich die Winterleiden. Sie bestehen in der Ausgabe von Zeugnissen mit Schreckschußnoten – das reicht uns.

Warum wir lernen

Eines Tages kam in unsere Klasse ein Herr Doktor. Er hatte eine Brille und einen anderen jungen Mann mit Aktentasche bei sich. Erst dachten wir, er will unsere Zähne und Zungen angucken und lauschen, wie wir husten. Aber es war kein richtiger Doktor, sondern ein anderer. Der Herr Doktor winkte, worauf sein treuer Begleiter eine Mappe mit Zetteln aus der Tasche holte. Danach sauste er durch die Bänke und gab jedem einen Zettel. Jetzt durfte er sich setzen.

Der Herr Doktor machte ein freundliches Gesicht und sprach, daß wir ihm helfen können. Er möchte von uns gern wissen, warum wir lernen, und wir sollen die Antwort auf den Zettel schreiben. Wer will, kann seinen Namen daruntersetzen, wer nicht will, läßt es bleiben; denn es gibt keine Zensuren. Die Hauptsache ist die Wahrheit und wie wir wirklich denken. Wer fertig ist, gibt den Zettel ab. Der Herr Doktor setzte sich auch und flüsterte mit unserem Herrn Klassenlehrer.

Ich murmelte meinem Freund Harald zu, daß es besser ist, wenn wir gleich unseren Namen daruntschreiben. Denn unsere Kliere kennt jeder Lehrer, und der Schwindel kommt dann doch raus. Auch kann man bei Erwachsenen nicht genug vorsichtig sein. Danach fingen wir an zu schreiben, erst einmal grob in ein altes Heft, danach fein auf den Zettel. Mein Aufsatz lautete: Ich lerne, damit ich nicht sitzenbleibe wie die Gebrüder Ralf und Benno Raschke. Sie sind Zwillinge und Untugendbolde. Auch nennt sie der Herr Biolehrer seine Sargnägel, und der Herr Burschelmann sagt manchmal, einer allein kann gar nicht so dumm sein. Die Zwillingsbrüder versauen immer unseren Klassendurchschnitt. Dieser ist jetzt 2,6. Deshalb haben wir uns verpflichtet, den Ausschuß zu senken, nämlich auf 2,3, damit unser Herr Klassenlehrer auch einmal gelobt wird. Ich lerne außerdem dafür, damit ich später einen schönen Beruf bekomme. Denn unsere Republik braucht jeden, sogar die faule Mia. Wer nicht lernt, ist ein undankbarer Schüler, und er wird noch einmal an die schöne Schulzeit zurückdenken. Aber dann ist es vielleicht zu spät. Unsere Frau Seidenschnur spricht, was das Hänschen nicht lernt, das lernt ein alter Hans nimmermehr. Das muß aber nicht so sein. Denn mein Vater ist auch schon ein ziemlich alter Ottokar, und er lernt trotzdem noch. Dazu hat er sich die Losung aufgestellt: Der Mensch wird alt wie eine Kuh und lernt immer noch dazu. Darum besucht er jetzt einen Meisterlehrgang. Auch ich bin der Lernbrigadier von einer Lernbrigade. Und wenn der Pillenheini einmal keine Lust zum Lernen hat, brauch ich ihm bloß zu sagen, er kann was erleben. Gleich springt er; denn Pioniere lernen gut.

Die anderen Schüler haben nicht soviel geschrieben, auch guckten einige voneinander ab. Manche schwindelten sogar, zum Beispiel der Willi Speckmann. Er schrieb, daß er für den Sozialismus lernt. Das stimmt zwar, aber nicht bei Speckmann. Der lernt, weil er Schiß vor seinem Vater hat. Wer so oft wie der Willi vom Herrn Speckmann gegerbt wird, der kann gar nicht an den Sozialismus denken, sondern immer nur an seine Haut. Auch darf man der dicken Mia nicht alles glauben, wenn sie schreibt, sie lernt für eine glückliche Zukunft. In Wirklichkeit lernt sie manchmal nur deshalb, weil sie für jede Note bis zur Drei Geld bekommt. Dafür kauft sie sich Süßigkeiten, und wenn sie weiter so naschhaft ist, landet sie nicht in der glücklichen Zukunft, sondern im Krankenhaus wie meine Tante Cäcilie. Sie hatte ein Magengeschwür und ist deshalb operativ entfernt worden. Darum hat es keinen Zweck, wegen Torten zu lernen.

Der Schweinesigi schrieb, er lernt für die Vermehrung der Ferkel; denn er möchte wie sein Vater vorbildliche Säue züchten, wogegen der lange Schücht nicht so gut für die Aufzucht geeignet ist, sondern ihn interessiert mehr die Technik. Er lernt, um später Agrotechniker wie Herr Hardtbrodt zu werden. Dieser verdient einen ziemlichen Batzen Geld und hatte erst einen Wartburg, jetzt einen Schädelbruch: Der Frau Hardtbrodt passierte nichts, weil sie gut gepolstert ist. Mein Freund Harald sah die Bedeutung des Lernens in der wissenschaftlichen und technischen Revolution und fragte mich, wie man das Wort Razionalisierung schreibt. Ich sagte, das ist zu schwer, und er soll lieber ein leichteres Wort auf den Doktorzettel schreiben. Er befolgte meinen Rat, und der Satz lautete jetzt, daß er große Taten vollbringen möchte und darum für die Tatenverarbeitung lernt.

Die Mädchen schrieben nicht so fortschrittlich, sondern lernen deshalb: die Bärbel Patzig, weil sie den Lehrern und ihren Eltern Freude machen möchte; die Wally, weil es sein muß; die Sonja Zunder, weil sie den Herrn Lehrer Kurz liebt, aber sie hat aus Feigheit was anderes geschrieben; die Tanja Schulze, weil sie als eine Lehrerstochter besonders vorbildlich sein muß; die Carmen Wurzel, weil sie Schlagersängerin werden will. Sie denkt, es reicht, wenn sie in Musik eine Eins hat, Rechnen ist dabei nicht so wichtig. Daran kann man sehen, daß die Carmen das Leben einer Schlagersängerin nicht kennt.

Wie wir fertig waren, sammelte der Herr Begleiter die Zettel alle ein, und unser Herr Klassenlehrer sagte, wir dürfen auf den Hof gehen und diszipliniert herumtollen. Der Herr Doktor und die anderen haben sich gleich auf unsere wissenschaftlichen Arbeiten gestürzt, aber es war von draußen nichts zu verstehen. Auf einmal war dauernd ein lautes Lachen zu hören und dann wurde gerufen, daß ich einmal hineinkommen soll.

Ich dachte, jetzt geht's los, und sie haben sicher wieder Fehler gefunden. Aber sie schimpften nicht, sondern der Herr Doktor sagte, daß ich einen langen Aufsatz geschrieben habe, und es war nicht nötig. Auch sollte ich sagen, ob ich vielleicht noch was vergessen habe. Ich antwortete ja. Ein Satz sollte heißen, ich lerne gern, weil es mir Spaß macht. Der Herr Doktor rief jetzt, das ist ärgerlich, und ich soll sagen, warum ich so etwas Wichtiges weggelassen habe. Ich antwortete, weil ich nicht genau wußte, mit was für einem S das Wort Spaß geschrieben wird. So kann es kommen, daß die Wissenschaft wegen einem blöden Wort nicht erfährt, warum die meisten von uns lernen.

Der Kampf um die Jugendherberge

Zur schönen Ferienzeit überkommt uns die Wanderlust, die Abenteuerlust und andere Lüste, und man muß sie organisieren und regeln, zum Beispiel in einer Jugendherberge. Vielleicht muß man erst einmal aufklären und fragen, was ist das?

Eine Jugendherberge ist entweder ein altes Schloß oder ein altes Gasthaus oder ein Landhaus von einem abgehauenen Kapitalisten oder ein Haus von einem dahingeblichenen Förster oder ein anderes geheimnisvolles Gebäude. Es gibt auch moderne Jugendherbergen, aber sie sind für uns abenteuerlustige Knaben nicht so interessant. Eine Jugendherberge ist für die Jugend, für die älteren Leute gibt es Hotels und Motels und Altersherbergen oder auch Feierabendheime genannt. Von den Älteren dürfen nur Jugendleiter oder Aufsichtspersonen in einer Jugendherberge übernachten. Die männlichen Leiter sind leicht an ihren kurzen Hosen, die weiblichen an langen Hosen zu erkennen. Auch unterscheiden sie sich von uns dadurch, daß sie rauchen und Bier trinken.

Jetzt kommen die Vorschriften. Man darf nicht denken, daß man einfach draufloswandert und in eine Jugendherberge hineingeht und spricht: Wir wollen hier schlafen. Wer das denkt, verfällt in mehrere Irrtümer. Denn wenn man in eine Jugendherberge will, muß man sich am besten ein Jahr vorher anmelden. Wenn wir zum Beispiel in die Jugendherberge Wassermühle möchten, dann müssen wir dorthin eine Weihnachtskarte schicken und fragen, ob es geht. Die Antwort lautet, es geht am 17. und 18. Juli. Jetzt muß man berechnen, wie weit man wandert und welche anderen Jugendherbergen wir heimsuchen. Deshalb schreibt man an die Jugendherberge »Zum Schwarzen See« mit der Bitte, ob wir vielleicht am 19. und 20. Juli dort übernachten können. Meistens klappt es nicht, und so muß man einen anderen Wanderweg suchen, sagen wir zum »Fichtelhaus«. Wenn jetzt das »Fichtelhaus« schreibt, es geht nicht am 19. und 20., sondern erst am 22. und 23. Juli, dann ist das schon ein Fortschritt. Man muß jetzt nur noch herauskriegen, wo wir zwischendurch schlafen, und man kann zum Beispiel an die Schule in Bachhausen schreiben. Wenn jetzt der Herr Direktor antwortet, daß es nicht geht, weil die Schule in den Ferien renoviert wird, muß man nicht gleich die Flinten ins Korn schmeißen, sondern noch einmal an die »Wassermühle« schreiben, ob es sich am 24. und 25. Juli einrichten läßt. Manchmal klappt es, und die Antwort lautet, wir sollen mit einer Wandergruppe in Magdeburg tauschen.

Deshalb muß man sich so früh wie möglich anmelden. Für diese schwere Arbeit ist unser Herr Lehrer Kurz angestellt. Dafür darf er zwischendurch einmal zur Kur oder in ein Lehrererholungsheim. Wenn wir auf Wanderschaft fahren, nehmen wir vorsichtshalber Zelte und junge Sanitäter mit. Denn man weiß nicht, ob andere Wandergruppen auch so prognostisch denken, auch sagt unser Herr Burschelmann immer, er hat schon gesehen, wie sich Pferde vor einer Apotheke übergeben mußten, d. h.: Es kann alles passieren.

Jetzt noch ein paar Vorschriften. Eine Jugendherberge ist eingeteilt in Knaben- und Mädchengemächer. Auch die Erwachsenen schlafen mit getrennten Geschlechtern. Das muß so sein. Einmal waren wir in der Jugendherberge »Pilzgrund«. Wir haben gerade auf dem Hof Kartoffeln geschält, als eine neue Gruppe ankam. Sie wurde gleich eingeteilt, die Knaben nach links und die Mädchen nach rechts. Jetzt fragte ein Herr mit kurzen Hosen, ob er mit seiner Verlobten in das kleine Zimmerchen darf. Die Frau Herbergsmutter sprach: Das kleine Zimmerchen ist für Kranke, und es ist gegen die Vorschrift. Der Herr mit der kurzen Hose antwortete, daß es doch leer ist, und wenn was passiert, dann zieht er mit seiner Verlobten gleich aus. Die Herbergsmutter entgegnete wieder, daß es gegen die Vorschrift ist, und sie kann auch nicht riechen, wer hier wirklich ein verlobtes Paar ist. Die Frau Verlobte hat sich jetzt mächtig an den Herrn geschmiert, damit alle sehen, wie sie sich lieben. Aber es hat alles nichts genutzt, weil es gegen die Vorschrift ist. Deshalb soll man niemals ein verliebtes Paar auf eine Jugendherberge loslassen, sondern nur verheiratete Paare. Und sie sind nicht so wild auf ein Extrazimmer, weil sie sich alle Tage genug sehen.

Es gibt noch andere Erlebnisse und Aufregungen. Zum Beispiel muß man wissen, ob alle das Herbergsessen essen und ob es der Magen mag. Einmal war unser Fräulein Bella Kohl mit uns. Es gab Kartoffelsuppe. Sie sprach, daß ihr diese nicht bekommt, und ist in ein Gasthaus gegangen. Jetzt entdeckte unser Herr Luschmil auch seinen kranken Magen und ist mitgegangen. Als sie wiederkamen, erzählten sie von einem schönen saftigen Schnitzel, und es kostete bloß 2,40 Mark. Aber unser Herr Burschelmann, welcher mit uns um die Wette gegessen hat, sagte bloß, über das Schnitzel wird er später noch einmal sprechen. Seitdem sind Fräulein Bella Kohl und der Herr Luschmil nicht mehr mitgewandert; denn man muß Rücksicht auf ihren kranken Magen nehmen.

Auch ist es Vorschrift, in der Nacht zu schlafen. Es kann aber auch passieren, daß gerade ein Musikangzambel in der Herberge übernachtet und ein Konzert gibt, zum Beispiel aus Sternchen und Kofferheulen. Manche singen dazu englisch oder chinesisch oder auch bloß sächsisch oder berlinisch oder auch nur tutäteiteiäbä oder in einer ähnlichen Babysprache. Dazu muß man trampeln und quietschen. Deshalb sagte unser Pionierleiter zu dem Herrn Angzambelleiter: »Lieber Jugendfreund, die Kinder wollen oben schlafen.« Und der Herr Angzambelleiter antwortete: »Lieber Opa, erzähl ihnen ein Märchen, dann schlafen sie besser ein.«

Als unser Pilei die Antwort mitteilte, sagte mein Freund Harald zu mir, man muß was unternehmen. Ich sprach, daß wir gleich anfangen. Wir nahmen ein paar Gefäße und eine Taschenlampe und schlichen hinaus. In das eine Gefäß sammelten wir Kletten und in das andere Frösche, welche wir am Tage in einem Loch hucken sahen. Dann verteilten wir sie in die Betten der tanzenden Sänger. Danach drehten wir die Sicherungen raus und versteckten sie. Erst gab es ein großes Geschimpfe, aber die meisten gingen gleich in ihre Zimmer. Ein bißchen später hörten wir sie noch ein paarmal fürchterlich schreien und quietschen. Wir schraubten die Sicherungen wieder ein, und es hat uns niemand entdeckt.

Am nächsten Tag bekamen die lauten Musikfreunde einen Herbergsverweis und mein Freund Harald und ich den Auftrag, die Herberge nebst Betten wieder sauberzumachen. Denn es ist Vorschrift, Kletten und Frösche in der Natur zu lassen.

Ein Empfang beim Bürgermeister

Ein paar Wochen vor dem Geburtstag unserer Republik haben wir Pioniere uns verpflichtet, aus dem mistigen Schulhof einen schönen Platz zu machen, zum Beispiel mit Blumenbeeten und Bänken und Abfallkästen. Dazu schreiben wir Schilder mit der Aufschrift: Hier dürfen Lehrer und ältere Schüler ihre Kippen hineinwerfen.

Wir haben dann ganz schön geschuftet, fast jeden Nachmittag und an den Wochenenden. Ein Vater lief mit dem Zollstock rum und feuerte uns an, indem er rief, wir sollen ranklotzen. Auch spuckte er auf seine Hände und klotzte mit. Ein anderer Vater zeigte uns, wie man richtig mit dem Pinsel umgeht, damit wir uns nicht so bekleckern. Und er führte es mit seinem vor. So strichen wir den Zaun und die Bänke. Auch war ein Vater darunter, welcher den Fortgang verfolgte. Es war der Herr Gärtnermeister Krause. Er sprach immer Blumennamen vor sich hin und schrieb sie in sein Notizbuch. Dann ließ sich ein Vater sehen, welcher die Schilder beschriften wollte. Als er hörte, wie die Aufschrift heißen soll, sagte er, das geht nicht, und man muß an den Respekt denken. Aber als unser Herr Direktor Keiler fragte, warum nicht, schrieb er es doch so.

Einen Tag vor unserem Republikgeburtstag luden wir alle Eltern und den Herrn Bürgermeister Sparsock ein, damit sie unser Werk besichtigen können. Sie durften sich auf die frischgestrichenen Bänke setzen. Und unser Herr Direktor Keiler schilderte den Elan. Als er damit fertig war, stand der Herr Bürgermeister auf und klatschte uns zu. Die Eltern klatschten mit und schauten uns mit süßen Gesichtern an. Uns hat dieser Wirbel gar nicht gepaßt, weil wir nicht wußten, wo wir hinschauen sollten. Deshalb guckte ich besonders nach links und sah plötzlich, wie unser Herr Luschmil seinen Stummel vor sich hinschmiß. Das war mir gerade recht, und so konnte ich aus der Reihe schreiten und den Stummel aufheben und in den Behälter werfen. Unser Herr Lehrer Brettl, welcher zugleich ein Parteisekretär ist, grinste wie ein frohes Pferd, und das passiert selten, weil er von Geburt aus sehr ernst ist. Auch unser Fräulein Heidenröslein wackelte obenrum und konnte sich nicht mehr richtig halten, wogegen der Herr Luschmil mir grübelig nachsah, besonders mit dem rechten Auge. Der Herr Bürgermeister hielt eine Rede und lud uns zu einem Empfang ein.

Das geschah ein paar Tage später. Wir saßen um einen Tisch mit Kuchen, Kakao und Blumen, dazwischen der Herr Bürgermeister, unser Herr Direktor, die Aufbauväter, ein Herr Redakteur vom »Neuen Mittag« und eine Sekretärin mit Schminke, einem Block und mehreren Bleistiften. Der Herr Bürgermeister sprach, wie gut wir sind, und wir sollen hier reden, wie die Schnäbel gewachsen sind. Wir haben aber nicht über das Wachstum der Schnäbel, sondern die meiste Zeit über unsere Schule gesprochen. Zuerst unser Herr Direktor Keiler, indem er verkündete, daß er über das Leben, über die Schule und über die Unterstützung vom Gemeinderat und dem Herrn Bürgermeister glücklich ist. Und er schaute dabei immer zu dem Herrn Redakteur. Dieser hieß Hössel oder so ähnlich und schrieb die Sätze mit.

Ich fragte meinen Freund Harald ins Ohr, ob er auch so glücklich ist wie unser Herr Direktor. Er schüttelte den Kopf und sprach, die Kekse sind alt, aber der Kuchen geht. Als ich noch ein bißchen über unseren glücklichen Herrn Direktor nachdenken mußte, fragte auf einmal der Herr Bürgermeister, was wir dazu sagen, und wir sollen kein Blatt vor den Mund nehmen. Wir taten das nicht, weil gar keine Blätter rumlagen, und aßen weiter. Jetzt fragte unser Herr Direktor Keiler die Bärbel Patzig, ob sie was sagen will. Ich kann mir schon denken, warum der Herr Direktor die Bärbel aufrief. Sie ist die Beste im Gedichtaufsagen und spricht feiner als wir. Die Bärbel wurde gleich stolz und rot im Gesicht, und sie sagte, daß sie auch glücklich ist, weil sie zur Schule gehen kann. Und der Herr Redakteur schrieb alles mit.

Aber dann juckte es mich doch, und ich habe mich gemeldet. Ich sagte, daß ich nichts gegen unsere Schule und die glückliche Bärbel habe, bloß, so schön ist sie noch nicht. Sie hat feuchte Stellen, und wenn die Schule und das Dach nicht repariert werden, regnet es bald überall durch, und das kostet eine Stange. Deshalb hat es keinen Zweck, wenn wir mit den Eltern jetzt die oberen Klassen malen. Auch ist es nicht richtig, wenn eine junge Frau Lehrerin, nämlich die Frau Borstel mit ihrem Gatten nebst Kleinkind, in einem engen Schlauch bei den geizigen Speckmanns wohnen muß. Wenn sie keine richtige Wohnung bekommt, verläßt sie uns vielleicht, und unser Herr Direktor ist dann nicht mehr so glücklich. Der Herr Direktor zeigte jetzt ein lachendes Gesicht, bloß nicht in den Augen, sie blickten sträflich zu mir herüber. Das angemalte Fräulein sagte, das gehört nicht hierher, wogegen der Herr Bürgermeister sprach, ich soll nur weiterreden. Aber ich hatte erst einmal genug. Und der Herr Redakteur schrieb alles auf.

Jetzt meldete sich unsere schwere Wally. Sie sagte, daß einer von ihren fünf Gebrüdern in einer ekelhaft knarrigen Bank sitzt, und sie hat sich auch einen Splitter hinten hineingezogen, und sie kann die Splitterstelle dem Herrn Direktor ja einmal zeigen. Und sie ist auch dafür, daß die Frau Borstel von dem elenden Speckmannschlauch erlöst wird, und wir möchten, daß Frau Borstel deswegen nicht in den Sack haut und uns im Stich läßt. Auch versteht sie nicht, wieso manche Leute dauernd bauen können, zum Beispiel Garagen und Bungalos, wogegen für den Schulanbau, für die Lehrer und unsere Toilette keine Handwerker nebst Material zu kriegen sind. Und man muß das nachprüfen. Unser Herr Direktor sagte freundlich, daß der Herr Bürgermeister das schon weiß, und man muß nicht alles aufzählen. Der Herr Redakteur schrieb alles mit und sogar der Herr Bürgermeister, und wir sollen ruhig weiterreden.

Nach einem Rippentriller wurde auch mein Freund Harald wieder wach und sprach, daß wir ein Physik- und Chemiekabinett haben, und es geht, wogegen ein solches in Bio und in Geschichte und in anderen Fächern noch fehlt, und es geht nicht. Auch muß man damit rechnen, daß sich unser Fräulein Heidenröslein doch einmal vergibt und heiratet, und dann steht wieder ein Problem. Denn sie hat auch nur ein kleines Loch zum Wohnen. Und jetzt schrieben der Herr Redakteur, der Herr Bürgermeister und der Herr Direktor Keiler alles auf.

Danach brachte der Herr Bürgermeister ein Schlußwort hervor, und er rief uns zu, wie dankbar er ist. Unser Herr Direktor machte fortwährend ein freundliches Gesicht und bekloppte sogar unseren Buckel. Auch sprach er zum Herrn Redakteur, es sind aufgeschlossene Kinder, und man muß nicht alles auf eine goldene Waage legen.

Bis jetzt ist uns noch nichts passiert, aber der Frau Borstel. Sie mußte ein paar Tage später gleich in eine neue, schöne Wohnung ziehen. Wenn wir Glück haben, kommt vielleicht im Frühjahr das Schuldach dran, wenn nicht, dann legen wir die Versprechungen dem Herrn Redakteur vielleicht doch auf die goldene Waage. Der muß ziemlich reich und mächtig sein, wenn er so was besitzt.

Wie man einem Kind helfen muß

Eines Tages stand in der Zeitung ein Artikel, welcher lautet: »Wie ich meinem Kind helfe«. Das Kind hieß Eva-Maria und ihre hilfreiche Mutter Beatrice Schmitt-Küchelfett. Die Mutter hat erst ein paar schöne Sätze über die Erziehung geschrieben und danach über einen Plan, wie sie mit ihrem Kind den Tag rumbringt. Der fängt so an, indem die Eva-Maria ihre Körperteile wäscht und putzt und sich nachher an den Frühstückstisch zu Mutter und Vater setzt. Dieser ist mit einem Blumensträußchen und Vollkornbrot belegt. Dann müssen alle langsam kauen und fröhlich sprechen, bis der Vater die Mutter und die Tochter küßt, weil er zur Arbeit muß. Aber nicht mit vollem Mund.

Bevor die Eva-Maria geht, ermahnt die Mutter, nicht zu trödeln und nicht zu schnell zu rennen, sondern ein Kind muß zur Schule schreiten. Das ist wegen der Nerven. Die Mutter schmeißt nun dem Kind vom Fenster aus einen Handkuß nach. Jetzt hat die Mutter Zeit zum Aufräumen und so, und beim Kochen wiederholt sie die Lektion vom letzten Elternabend, wo die Eltern gelernt haben, wie man zu Hause mit den Kindern rechnet. Wenn das Kind Eva-Maria aus der Schule kommt, wird es von einem freundlichen Lachen und einem schön geschmückten Tisch empfangen, sogar mit Servietten. Das ist wegen der Kultur. Dabei stellt die Mutter allerlei Fragen, und die Eva-Maria muß fröhlich von ihrer Schule plaudern. Aber nicht mit vollem Mund. Wenn das Kind ausgespeist hat, gebietet ihm die Mutter eine Stunde Ruhe, wobei die Eva-Maria entweder durch den Garten schreitet oder bei einer zarten Schallplattenmusik sich auf das Schäßlong knallt oder eine Kunstmappe betrachtet, und es hat schon der große Dichter Goethe gesagt, daß man es überall so machen muß. Denn so wird man gebildet und Geheimrat. Aber danach geht's los. Jetzt muß die Eva-Maria ihre Schularbeiten anfertigen und die Mutter sitzt dabei mit einer leichten Handarbeit, damit sie gleich alle Fragen beantworten kann. Hinterher sagt die Mutter zu dem Kind, es muß jetzt fröhlich sein und singen oder mit ihr einen Einkaufsbummel machen. Und wenn sie zurück sind, achtet die Mutter darauf, daß die Eva-Maria noch ein Stündchen auf dem Klavier übt. Auch darf das Kind beim Abendbrot helfen, bis daß der Vater kommt. Dieser hält die Pünktlichkeit ein. Zuerst küßt er die Mutter und dann die Tochter, indem er fragt, ob sie die Schularbeiten gemacht haben. Manchmal geht dann der Vater mit seiner Tochter noch einmal in die Bibliothek seines Arbeitszimmers und spricht: Dieses Buch mußt du dazu lesen. So kommt es, daß die Tochter Eva-Maria fast nur Einsen hat.

Und das liegt am richtigen Tagesplan und überhaupt an der hilfreichen Mutter. Und so muß es überall sein.

Als wieder einmal eine Elternversammlung war, las unser Herr Klassenlehrer dieses Beispiel vor, und die Eltern sollten sagen, was sie dazu denken. Mein Vater hat am nächsten Tag mit meiner Mutter noch einmal darüber gesprochen und gesagt: Die Frau Schmitt-Küchelschmalz, oder wie sie heißt, hat gut reden. Sie ist den ganzen Tag zu Haus und hat neben der Tochter weiter kein Kind und kein Rind. Meine Mutter antwortete darauf, daß es aber richtig ist mit einem Plan, nur muß sie immer daran denken, wie das die Mutter von der Wally machen soll mit ihren sechs Kindern. Auch geht die Frau in die Gärtnerei arbeiten. Und darüber müßte die Zeitung auch einmal schreiben. Mein Vater entgegnete, die Mutter soll ihm doch einmal sagen, ob wir vielleicht so viel Zeit haben und ob die Frau Schmitt-Kücheltalg eine Funktion hat. Meine Mutter sagte, daß sie oft hospitiert und im Elternbeirat ist. Aber sie spricht nur immer von ihrem Kind und daß wir es auch so machen müssen. Mein Vater wurde jetzt ziemlich gallig und rief der Mutter zu, ob vielleicht unsere Kinder schlechter sind, auch wenn wir alle arbeiten. Meine Mutter sprach, man muß ja deswegen nicht gleich so schreien, und unsere Kinder sind auch ehrlich und anständig. Bloß wegen dem Ottokar hat sie manchmal Kummer, und ich muß mehr zur Höflichkeit und zum Respekt erzogen werden. Aber allein kann sie es nicht. Mein Vater erwiderte jetzt, daß er das alte Lied kennt, und die Mutter soll ihm sagen, ob er vielleicht seinen Brigadier an den Nagel hängen und sagen soll, er kann die Funktion nicht mehr machen wegen seiner Vaterschaft. Meine Mutter seufzte jetzt und sprach, der Vater erlebt es nicht, und wenn manche Lehrer zu ihr im Konsum einkaufen kommen, sagen sie immer vor allen Leuten, was mit dem Ottokar wieder los war. Und meine Mutter muß dann noch freundlich sein.

So entstand wegen der Frau Schmitt-Küchenspeck bei uns zu Hause ein Streit. Meine Mutter tat mir leid, deshalb möchte ich höflicher werden. Auch bei meinem Freund Harald war es so, darum schrieben wir zusammen einen Artikel an die Zeitung. Er lautete:

»Unser Tagesablauf«.

Mein Freund Harald schrieb:

»Weil meine Eltern arbeiten und von vielen Funktionen begleitet werden, erziehen wir uns selbst, nämlich mein großer Bruder und ich. Wir verrichten nach der Schule mit der Oma den ganzen Küchenkram, mein Bruder prüft meine Schularbeiten nach und ich seine Briefe; denn er hat schon eine Geliebte. Deshalb kloppen wir uns manchmal. Unsere Oma erzieht auch, muß aber meistens klein beigeben oder sich beklagen. Wir leben nach der Losung: Arbeite mit, plane mit, regiere mit! Mein Vater regiert meistens nur, und das andere machen wir. Deshalb spricht meine Mutter manchmal zu ihm, er soll etwas mehr an seine Familie denken. Denn Denken ist die erste Bürgerpflicht.«

Mein Artikel ging etwas anders, und er war mehr eine Antwort auf die hilfreiche Mutter der Eva-Maria. Er lautete:

»Sehr geehrte Redaktion! Die Frau Schmitt-Küchelfett macht es richtig, und ich schildere jetzt, wie es bei uns ist. Ich bin der Sohn des Brigadiers Ottokar Domma und als solcher das älteste Kind. Auch wir beginnen mit dem Säubern und dem Frühstück, nur fällt das Küssen weg, weil mein Vater schon zur Arbeit ist. Meine Schwester trödelt meistens, aber ich bringe sie auf Trab, weil meine Mutter frühmorgens schon das Abendbrot vorbereitet. Nach der Schule ist meine Schwester im Hort und ich bei meinem Freund Harald. Dort machen wir Schularbeiten oder Dummheiten, oder wir gehen zum Sport oder Pioniernachmittag, oder zur nützlichen Arbeit. Dann versorge ich meine deutsche Langohrzippe und die Schwester. Man muß dieses Tierchen gut pflegen und sauberhalten; denn es ist zur Aufzucht geeignet. Abends sind wir dann alle zusammen, und es wird noch ein bißchen erzählt, wie der Tag war. Er war nicht so wie bei der Frau Schmitt-Küchelfett, und man muß daraus lernen. Zum Beispiel kann man zum Frühstück eine fröhliche Hymne singen. Meine Mutter müßte beim Gurkenverkaufen Russisch lernen, damit sie mich überprüfen kann, wogegen mein Vater öfter im Betrieb sagen müßte: Kollege Emil, versammle du dich heute, ich habe eine Familie und muß nach Hause. Nach dem Abendbrot könnten wir alle gemeinsam ein Gemälde malen. Auch wäre es schön, wenn alle Elternteile am freien Sonnabend in die Schule hospitieren kämen. Das befeuert unsere Leistungen und ist gut für die Nerven unserer Lehrer, und unser Herr Burschelmann kann dann zu meinem Vater sagen: Herr Domma, unterrichten Sie, ich geh lieber arbeiten.«

Unsere Artikel sind aber von der Zeitung nicht gedruckt worden, weil wir vielleicht ein bißchen zuviel gesponnen haben, wogegen die Frau Schmitt-Küchelfett die Wahrheit schrieb, wie es im Leben wirklich ist.

Ottokar, der Weltverbesserer

Das 2. Kapitel

schildert den ersten Schultag, welche Überraschungen es gab und worüber wir eine neue Schülerin erst einmal aufklären mußten.

Als die Schule wieder begann, habe ich mein blaues Halstuch umgebunden und ein paar Ermahnungen eingesteckt. Sie kamen aus dem Muttermund und lauteten, ich soll schon am ersten Tag gut anfangen und ordentlich grüßen und mich anständig benehmen und nicht so vorlaut sein und mich nicht gleich wieder eindrecken, und am besten ist es, mich in die erste Bank zu setzen, damit ich alles mitbekomme. Ich soll mich, wenn es geht, neben die Bärbel Patzig setzen, damit sie auf mich einen guten Einfluß hat, und keine blöden Antworten soll ich geben und keine Schande machen und meine Hände noch einmal vorzeigen, ob sie sauber sind.

Ich antwortete, daß ich dieses Gedicht noch vom vorigen Jahr kenne, und weil mich meine Mutter so gütig ansah, versprach ich, alles so zu machen.

Als ich bei meinem Freund Harald vorbeikam, pfiff ich, und er kam auch gleich runter. Seine Mutter winkte, und ich schrie ihr einen Gruß zu. Auch gab ich dem Harald die Hand und sprach: »Guten Morgen!«

Der Harald guckte ein bißchen blöd und fragte, ob ich vielleicht krank bin, und wieso es kommt, daß ich ihn grüße. Ich sagte, das muß jetzt so sein, und es ist ein Versprechen. Auch soll ich mich anständig benehmen, nicht vorlaut sein und überhaupt anständig. Der Harald sprach, er kennt das Lied auch. Es wird in allen Familien gesungen.

Unterwegs begegneten wir verschiedenen Schülern. Sie waren alle schön angezogen, sogar der Schweinesigi. Wie wir am Pfaffenpuhl vorbeikamen, schmissen wir erst ein paar Steine in den Schlamm. Danach waren wir nicht mehr so schön angezogen. Der Sigi meinte, das trocknet wieder, aber die Bärbel Patzig piepste uns auf dem Schulhof zu, daß wir ganz schöne Ferkel sind. So begann der Tag gleich mit dem Einfluß, und damit wir nicht noch mehr solchen Einfließungen ausgesetzt waren, stellten wir uns beim Appell in die hintere Reihe.

Es war eine ziemlich frohe Stimmung. Die Lehrer lachten, nur nicht Herr Luschmil. Denn als er an mir vorbeikam, ist ihm das Lachen vergangen. Ich nahm es ihm nicht übel, weil er nicht wissen kann, was ich meiner Mutter alles versprochen habe. Auch unser Herr Direktor Keiler lachte, aber nicht so schön wie das Fräulein Heidenröslein, sondern anders, sagen wir mehr staatsbürgerlich. Der Herr Burschelmann hatte die lauteste Lache und zeigte unserer Klasse von weitem die Faust. Einige Mädchen sind gleich ängstlich geworden, und ich sagte zum Harald, wenn wir Glück haben, bekommen wir doch den Herrn Burschelmann, sonst hätte er uns nicht so freundlich begrüßt.

Als sich alle genug angelacht hatten, ließ der lange Schücht seinen berühmten Wirbel los, nämlich auf der Trommel. Dies ist immer der Anfang vom Appell, und jetzt ist den Lehrern auch das Lachen vergangen; denn es gibt keine fröhlichen Appelle, sondern ernste. Der Herr Direktor hielt eine Rede und sprach, daß wir gesund sind und überhaupt ganz schön gebräunt und so, und darum fängt jetzt der Ernst des Lebens wieder an, und wir wollen von der ersten Stunde an gut lernen und keine Sitzenbleiber zurücklassen, und er wünscht uns Glück. Wir klatschten, und dann kam die erste Überraschung, nämlich der Herr Burschelmann. Er sprach finster: »Ihr habt wohl gedacht, der alte Burschelmann kann nicht mehr? Ihr werdet staunen, was ich noch kann! Los, langer Schücht, führ die Bande in die Klasse, ihr braucht ja keine Amme. Aber Ordnung, Herrschaften!« Nach dieser Begrüßungsrede klatschte keiner mehr.

Wir gingen fast ordentlich, und als ich mit meinem Freund Harald in die Klasse kam, waren die ersten Bänke schon besetzt. Ich dachte, wenn es so ist, brauch ich für meine Mutter keine Ausrede auszudenken, sondern kann sagen, die erste Bank war schon besetzt, weil ich hinten marschierte und so ein Opfer der Ordnung war.

Der Herr Burschelmann kam auch gleich nachgeächzt und knurrte noch ein paar Liebesworte. Sie lauteten:

1. Wir sollen nicht so bedeppert gucken; denn jetzt fängt nicht der Ernst, sondern der Spaß des Lebens an, er heißt Mathematik.

2. kann man mit Herrn Buschelmann Pferde stehlen, aber nicht gut Kirschkerne essen, und wir sollen uns selbst aussuchen, was wir wollen. (Ich dachte, Pferde stehlen lohnt auch nicht; denn die drei alten Klepper in der LPG kann man nicht mal schlachten.)

3. sprach der Herr Burschelmann, so haut das mit der Sitzordnung noch nicht hin, und er kennt seine Pappenheimer.

Diese versetzte er gleich, und so kam ich doch noch nach vorn, aber nicht in die erste, sondern zweite Bank. Neben mir saß der Pillenheini und vor mir die Bärbel Patzig. Mir war es recht so; denn sie hat einen schönen Hinterkopf, und ich brauch nicht dauernd zu sehen, wie sie scheinheilig guckt oder mit den Lippen zittert oder mit ihrem Mund auf mich einfließt.

Auf einmal ging die Tür auf. Der Herr Direktor Keiler kam in die Klasse und schrie im Gegensatz zu seiner ersten Rede, wir sollen sitzen bleiben. Er schob vor sich ein Mädchen her, es sah gar nicht ängstlich aus, sondern eher lustig, mit Sommersprossen und zwei Schwänzchen, und das eine Knie hatte ein Pflaster. Das gefiel mir gleich. Der Herr Direktor Keiler zeigte jetzt ein Onkelgesicht und sprach zu dem Mädchen: »Das ist deine Klasse.« Und zu uns: »Das ist eure neue Mitschülerin. Sie heißt Juliana Bock, und jetzt nehmt sie bei euch auf, daß sie sich gleich zu Hause fühlt.« Der Herr Direktor Keiler nickte, der Herr Burschelmann ließ einen Knurrer los, und unser Herr Direktor ging von dannen.

Erst wußte der Herr Burschelmann nicht, was er mit dem Mädchen anfangen sollte, und weil ihm nichts Besseres einfiel, sagte er »Burschelmann« zu ihm und gab ihm seine Hand. Als der Herr Burschelmann mich entdeckte, wußte er, was er tun mußte. Er nahm den Pillenheini beim Schlawittchen und setzte ihn woandershin. Und so kam die Juliana Bock zu mir. Ich dachte, hoffentlich ist sie keine Zimperliese und keine Petze, und ich werde ihr in der Pause eine Probe stellen. Was, weiß ich noch nicht, ich werde schon etwas finden. Aber zum Nachdenken ließ mir der Herr Burschelmann keine Zeit; denn er nahm mich gleich zur Tafel und sprach: »Damit keiner denkt, es ist schon Weihnachten, wollen wir erst einmal einige Aufgaben wiederholen.« Wir sollen keine Ferienmüdigkeit vortäuschen, sagte er, und den Klassenkram beredet er mit uns nach dem Unterricht. Bei ihm wird nicht gequatscht, sondern gelernt, ob wir das kapiert haben? Wir antworteten vorsichtshalber: Ja. Denn wir wollten ihm nicht die erste Stunde versauen.

Mit der Wiederholung ging es, aber die neue Schülerin schaffte es nicht. Sie meldete sich und meinte, so hat sie es nicht gelernt. Die Bärbel Patzig drehte sich um und verzog die Lippen wie Filmfrauen, die sich nicht riechen können. Der Herr Burschelmann sah es, er drehte der Bärbel mit seiner kräftigen Hand den Kopf gerade und sprach zur Neuen: »So, hm, tanz bei mir heut nachmittag an, ich werd dir auf den Zahn fühlen!« Und freundlich fügte er hinzu:

»Hol dich der Deiwel, wenn du es nicht schaffst!«

Ich flüsterte zur Juliana Bock, sie muß keine Angst haben. Der Herr Burschelmann ist ein grober Klotz, hilfreich und gut. So ist er auch zu seiner Frau, deshalb sind sie noch nicht geschieden.

Die neue Schülerin hat sich gut gehalten und nicht einmal gezittert. Deshalb nahmen wir sie in der großen Pause vor, mein Freund Harald und ich, um sie aufzuklären, nämlich über das verschiedene Verhalten des Schülers zu einigen Lehrern.

Der Harald sagte, unser Herr Klassenlehrer, der Burschelmann, ist streng und bullerig, aber gerecht. Und das ist wichtig. Und man muß ihn wie einen Löwen behandeln. Wenn man ihn ohne Angst anguckt, kann man ihn sogar zähmen. Das ist wie im Zirkus. Er faucht dann bloß, aber so richtig kann er nicht mehr, weil er nicht mehr der Jüngste ist.

Jetzt war ich dran und sprach über das Fräulein Heidenröslein und warum sie diesen Spitznamen hat. Sie heißt eigentlich Uta Kraut, aber niemand nennt sie so. Den Namen Heidenröslein bekam sie, weil keiner so schön das Heidenröslein singen kann wie sie, und sie kann dazu Gitarre spielen und sogar Skat. Ich fragte, ob die Juliana auch Skat kann. Sie sagte nein. Ich antwortete, das ist eine Bildungslücke.

Der Harald schilderte danach die Charakteristikums der Frau Seidenschnur. Sie weiß in fast allen Fächern Bescheid, ist die älteste Lehrerin und wie eine treue Mutter. Dadurch denkt sie manchmal, wir sind noch Küken, und sie breitet sich dann über uns aus und bespricht uns wie kleine Kinder. Aber wenn jemand unsere Kinderpersönlichkeit beleidigt, kann sie ganz schön zuhacken. Manche Mädchen gehen wegen Frauensachen zu ihr, aber die Juliana kann auch zum Harald kommen. Er weiß Bescheid; denn er ist im Freundschaftsrat.

Ich ärgerte mich ein bißchen über diese Anbiederung vom Harald und legte noch einen Zahn zu, indem ich sprach: »Bei Frauensachen kannst du auch zu mir kommen; denn ich bin im Gruppenrat, und der Harald hat schon vieles von mir gelernt. Aber du mußt dich vor Herrn Kurz vorsehen wegen seiner Freundlichkeit, besonders zu den Mädchen. Mit uns Knaben hat er bloß Waffenstillstand geschlossen. Als Mädchen brauchst du bei Herrn Kurz keinen Bammel vor einer schlechten Zensur zu haben.«

Vom Herrn Brettl sagte der Harald, daß er in den oberen Klassen unterrichtet und ein Parteisekretär und darum sehr ernst ist. Aber er verstellt sich bloß. Als er uns einmal fragte, wer alles im Gemeinderat ist, sagte der Ottokar versprecherisch: Im Gemeinderat ist auch der zahnlose Parteiarzt Doktor Stummel. Beim Herrn Brettl zuckte es, und er mußte sich umdrehen. So kann man sagen, daß der Herr Brettl sich gut beherrscht und viel Geduld hat. Darum ist er unser Vorbild.

Wir sagten, daß die Juliana die anderen Lehrerpersönlichkeiten wie die Russischlehrerin Frau Pitthuhn noch kennenlernen wird. Sie ist nicht schlecht, wenn man sie richtig nimmt. Auch mit dem vornehmen Fräulein Bella Kohl kann man auskommen, wenn wir ihr jeden Tag etwas

Schönes sagen, zum Beispiel: Ihre Frisur ist wieder mal toll! oder: Heute wirken Sie ja wieder, wo haben Sie denn das Kleid gekauft? Auch unser Herr Direktor Keiler sagt ihr solche Sprüche, bevor er dem Fräulein Bella Kohl einen Auftrag erteilt. Nach solchen Belobigungen macht sie alles.

Wir stellten der neuen Schülerin auch den Sportlehrer Stramm vor. Er nimmt uns ganz schön ran. Jeder Mensch hat mal eine schwache Seite oder Stunde, sogar wir. Nur beim Herrn Luschmil muß sie sich ein bißchen vorsehen, und man kann ihn mit einem Bergwerk vergleichen. Dort ist die Luft nicht immer gut, und wenn man Pech hat, gibt es Schlagwetter. Die Juliana muß deshalb keinen Schiß haben. Wenn der Herr Luschmil explodiert, spuckt er kein Feuer, sondern bloß Tadel, Vieren und Fünfen und Elternbriefe. Wir fassen ihn deshalb wie ein rohes Ei an, auch nennt man das wissenschaftlich differenzierte Behandlung.

Die Juliana Bock war über die Aufklärung sehr froh und meinte, jetzt ist ihr nicht mehr so komisch. Die Pause wurde abgeklingelt, und der lange Schücht schrie von der Tür her: »Er kommt, auweia!« Wir wußten Bescheid, und ich sagte zur Juliana, ich glaube nicht, daß schon am ersten Tag ein Schlagwetter passiert. Vorsichtshalber will ich aber jetzt ein bißchen die Luft anhalten, sicher ist sicher.

So verging der erste Schultag ohne Unglück. Meine Mutter fragte, wie es war. Ich antwortete: »Ganz gut. Unser Natschalnik heißt Herr Burschelmann, die neue Schülerin Juliana, und der Herr Luschmil läßt schön grüßen und anfragen, ob meine Eltern auf einen Besuch Wert legen.« Die Mutter freute sich und sprach, es ist ihr recht, nur soll ich ihr rechtzeitig Bescheid sagen, damit sie sich darauf vorbereiten kann.

Das 3. Kapitel

berichtet von einer komischen Anleitung und wie wir unseren Gruppenrat wählten, wobei die Neue mit hineinkam.

Mit der Schule waren wir schon ganz schön in Gang gekommen, und darum sagte eines Tages unser Herr Burschelmann: »In zwei Wochen ist Gruppenratswahl, und es wird Zeit, daß ihr euch vorbereitet.« Mehr sagte er nicht, sondern zeigte uns seinen Buckel und ging raus.

Ich sprach zum Harald, das sind ja ganz neumodische Sachen. Der Herr Burschelmann macht sich's ziemlich leicht, und so was nennt man Anleitung. Das beste wird sein, wir befehlen der Vorsitzenden Bärbel Patzig: Es wird Zeit, daß du dich vorbereitest! Als Anleitung zeigen wir ihr unseren Buckel und gehen jetzt angeln.

Der Harald meinte, als Freundschaftsratsmitglied muß er mich kritisieren, aber als Mensch geht er auch lieber angeln; denn jetzt beißen sie gut.

Wie wir gerade als Menschen gehen wollten, rief die Bärbel Patzig, alle möchten doch bitte mal bleiben. Weil wir als Menschen auch höfliche Bitten beachten, blieben wir, die Gebrüder Raschke und die Sonja Zunder dagegen hauten ab.

Die Bärbel Patzig blickte ganz weinerlich und fragte piepsig, was wir machen sollen. Die meisten riefen, man muß den Herrn Burschelmann fragen. Und der Gruppenrat soll aus dem Gruppenrat eine Delegation bilden. Die Delegierten hießen: Bärbel, Wally, Harald und Ottokar. Und so zogen wir nachmittags los.

Der Herr Burschelmann hat in seinem Garten gerade ein paar Friedhofsblumen abgeschnitten, und er sah wie der Totengräber Anton aus. Wir sagten »Guten Tag« und standen rum. Aber den Herrn Burschelmann hat das nicht gejuckt, und er zog eine mächtige Pfeife raus und qualmte uns was vor.

Die Bärbel sagte: »Entschuldigen Sie, Herr Burschelmann, aber wir wollten bloß ... es ist wegen der Gruppenratswahl.«

Der Herr Burschelmann ließ einen Flucher los und knurrte: »Der Kocher zieht nicht.« Er stocherte mit einem Nagel in seiner Pfeife und schnitt weiter.

Weil Bärbels Lippen schon ein bißchen zitterten, wollte ich sie und den Herrn Burschelmann etwas aufheitern. Deshalb fragte ich: »Für welchen Toten sind denn diese Blumen?«

Der Herr Burschelmann zeigte sein Gebiß, und fast wär ihm die Pfeife rausgefallen. Aber er fing sie noch auf und knurrte froh: »Die sind für euren Gruppenrat. Denn nur Tote können nicht mehr denken und wissen sich nicht zu helfen.«

Jetzt fielen auch bei uns ein paar Groschen. Beim Harald muß das Stück ziemlich tief gefallen sein; denn er kratzte sich dort und sprach als Freundschaftsratsmitglied: »Ach so.« Und als Mensch rief er dem Herrn Burschelmann zu: »So tot sind wir noch nicht!« Harald gab uns einen Wink zum Abhauen, und der Herr Burschelmann ließ eine stinkende Tabakswolke hinter sich.

Am kleinen Forst setzten wir uns auf einen abgeschnittenen Baumstamm. Der Harald war wieder Freundschaftsratsmitglied und befahl: »Bärbel, du mußt aufschreiben, was unsere Gruppe gemacht hat. Das ist der Rechenschaftsbericht.« Die Bärbel antwortete, sie wird das tun, aber sie weiß nicht, ob sie es hinkriegt.

Darauf gab ich ihr einen Trost und sprach menschlich: »Sonst weißt du immer alles besser und denkst, du bist die Schlaueste, und jetzt bist du taub. Aber du wirst es schon schaffen, und wir werden dann deinen Bericht kritisieren.«

Die Wally war mit meiner Tröstung noch nicht ganz einverstanden und entgegnete mir als Kumpel: »Du hast eine ganz schöne große Klappe. Du denkst, weil die Bärbel ein Mädchen ist, kannst du sie einfach sitzenlassen. Als Gruppenratsmitglied hast du auch Pflichten, wenn nicht, dann werd' ich dich öffentlich anprangern wegen deiner Mädchenfeindlichkeit. Das sagen viele.«

Der Harald grinste mir jetzt als Mensch affig zu, und weil es mich geärgert hat, sprach ich als Gruppenratsmitglied: »Die Mädchen können bloß gackern, und wenn man richtig hinguckt, haben sie nicht einmal ein Ei gelegt. Deshalb schlag' ich für den neuen Gruppenrat auch die Juliana Bock vor. Daran kann man erkennen, daß ich keine Weiberfeindlichkeit besitze.«

Bärbel fühlte sich durch die Wally wieder stärker und sagte spitzig: »Die Bock ist noch nicht lange bei uns, und wenn du sie so gern hast, dann kann ich nur lachen.« Sie lachte aber nicht, sondern zog einen schmolligen Mund.

Weil ich verhindern mußte, daß der grinsende Harald noch affiger wird und sogar die Wally ansteckte, zeigte ich ihnen erst einmal einen Vogel und verkündete als Gruppenratsmitglied: »Die Juliana Bock ist keine Geliebte, sondern ein Pionier und als solcher ein kollektives Element. Oder seid ihr vielleicht schlauer als der Genosse Lenin?«

Sie sahen jetzt ein, daß sie nicht schlauer sind, und ich dachte, wenn man es ihnen politisch sagt, dann kapieren sie es. Und so beschlossen wir, den Rechenschaftsbericht gemeinsam zu machen. Die Bärbel soll schreiben, was wir geleistet haben und wie wir lernen; die Wally, wie wir uns gegenseitig verhalten und befruchten müssen; der Harald, was wir entfalten wollen, nämlich ein Pionierleben. Ich soll mir eine Begrüßungsrede an die Patenbrigade nebst anderen Anwesenden ausdenken. Wir sagten, der Herr Burschelmann wird sich wundern, und die Friedhofsblumen soll er lieber seiner schwergeprüften Gattin schenken; denn sie hat es mit so einem Anleiter bestimmt nicht leicht.

Der Wahltag brach an. Die Mädchen haben die Klasse gesäubert, die Knaben rückten die Tische anders, nämlich im Viereck. Darauf sogar weiße Tücher. Und weil Kultur sein muß, stellten wir Blumentöpfe hin und hängten die Girlanden vom Faschingsfest an die Wand. Die Bärbel Patzig war erst dagegen und meinte, das paßt nicht, und sogar die Juliana Bock haute in ihre Kerbe. Aber wir Knaben stimmten sie nieder.

Jetzt ging es los. Von unserer Patenbrigade sind drei Mann gekommen, mit Sonntagsanzug. Der Herr Burschelmann hatte seinen Rollkragenpullover an, den wir schon von der ersten Klasse her kennen. Er leistete langjährige Dienste. Auch der Herr Brettl und der Herr Direktor waren dabei.

Nun kam mein Auftritt als Begrüßungsbotschafter. Die Begrüßung ging so:

»Liebe Pioniere und Gäste! Ich begrüße euch zu unserer Gruppenratswahl, ganz besonders unsere Freunde von der Patenbrigade und die Lehrer mit dem Herrn Direktor Keiler an der Spitze. Auch begrüße ich die Pioniere der 6a. Worum geht es? Es geht um die Wahl des neuen Gruppenrats, und das ist ein bedeutender Höhepunkt in unserem Pionierleben. Zuerst wird die alte Vorsitzende Bärbel Patzig einen Rechenschaftsbericht geben, danach wird diskutiert, und dann kommen die neuen Vorschläge.«

Jetzt fiel mir ein, daß ich bei der Grußbotschaft noch etwas vergessen habe, nämlich ein bißchen Stimmung. Deshalb befahl ich: »Pioniere stillgestanden! Wir begrüßen die Gäste mit ›Seid bereit!‹« Die Pioniere riefen: »Immer bereit!« Alle klatschten mir zu, und ich war fast stolz.

Die Bärbel hat jetzt den Bericht vorgelesen, erst die guten Taten, danach kam das Lernen, indem sie die besten Durchschnittszensuren aufzählte, ihre zuerst. Dann besprach sie die schlechten Schüler, und sie erklärte, warum wir lernen, nämlich nicht für die Eltern oder Lehrer, sondern fürs Leben. Hinterher erhob sich die schwere Wally. Zu unserem gegenseitigen Verhalten sagte sie: Der lange Schücht qualmt schon und steckt andere an. Der Pillenheini zeigt verbotene Bilder, und überhaupt ist er ferkelig, die dicke Mia drückt sich vor guten Taten, Timur und so, der Ottokar Domma muß sich zu den Mädchen besser verhalten und sie nicht andauernd anstänkern. Viele klatschten, bloß die nicht, die aufgezählt wurden. Harald schlug in seiner Rede vor, was wir alles machen könnten.

Alle saßen jetzt freudig rum, aber zur Diskussion hat sich keiner gemeldet. Der lange Schücht meinte, es ist alles gesagt worden, und wir können uns wählen.

Wir wollten schon anfangen, aber jetzt tat auf einmal der bequeme Herr Burschelmann seinen Mund auf und fragte, ob er uns was fragen darf. Wir erlaubten es. Er fragte, ob es hier in der Gruppe nicht ein paar Feiglinge gibt. Er hat vorhin ein paar Namen von Schülern gehört, und jetzt ist ihnen wohl das Herz in die Hose gerutscht. Dabei sah er meine Hose an.

Ich dachte, ein Feigling bin ich nicht. Deshalb meldete ich mich und sprach: »Das mit den Mädchen stimmt nicht ganz. Ich stänkere nicht mit allen, sondern nur immer mit einer. Und weil ich nichts gegen alle Mädchen habe, schlage ich die Juliana Bock vor.«

Bei dem Vorschlag gab es nachher eine kleine Kampelei. Die Bärbel diskutierte dagegen und redete wie eine Lehrerin mit schiefem Kopf: »Ich meine, daß man den Vorschlag noch überlegen muß. Die Juliana hat noch Rückstände in

Mathematik.« Und sie sah dabei zum Herrn Burschelmann hinüber, ob sie es richtig gesagt hat. Die dicke Mia wollte sich bei der Bärbel anschmieren und trompetete: »Von mir hat sie nicht einmal ein spendiertes Eis angenommen, vielleicht weil sie denkt, sie ist was Besseres.« Mir sind jetzt die Ohren heiß geworden. Ich dachte, wenn die Mia sich noch mehr ausschleimt, knall' ich ihr eine, und wenn ich deswegen nicht gewählt werde. Und ich stellte mir vor, wie schön das klatschen wird. Aber dazu kam es nicht, weil die anderen dafür waren. Die neue Vorsitzende wurde unser schwerer Kumpel Wally.

Die Erwachsenen sagten hinterher, es war eine gute Versammlung, und der Herr Direktor Keiler beklopfte den Anleitungsbuckel von Herrn Burschelmann. Er sah jetzt auch ganz zufrieden aus, vielleicht weil er gelernt hat, wie man so was macht, und bei der nächsten Wahl kann er uns auch anleiten.

Ich ging mit der Juliana ein Stückchen voraus und fragte sie, ob ich sie Jule nennen darf. Sie hatte nichts dagegen, und wenn nicht die anderen Kumpels gekommen wären, hätte ich zu ihr tschüß gesagt. So sagte ich nur, wir gehen jetzt da lang.

Das 5. Kapitel

zeigt den neuen Ordnungsdienst der 10. Klasse in Aktion und erklärt, warum ich mir aus lauter Trotz einen Bandwurm zugelegt habe.

Nach Benno Raschkes Treppenfahrt hat sich tatsächlich allerhand geändert. Auf dem Hof und in den Fluren standen jetzt überall die Großen aus der Zehnten und paßten auf, ob wir richtig gehen, nicht rumtoben, keine Papierchen wegschmeißen, das Schreien unterlassen, immer richtig antreten, dabei nicht schubsen und die Pausen einhalten und uns überhaupt wie erwachsene Erwachsene benehmen. Die Ordner hatten schon am ersten Tag weiße Armbinden um und waren gestempelt, nämlich mit der Aufschrift »Ordner«. Denn wenn es darum geht, die Schüler zu ärgern, ist alles da, sogar Armbinden. Und was das schlimmste war: Als Hauptmann der Ordnungstruppe bestimmte der Herr Direktor Keiler den Klassenleiter der Zehnten, den strengen Herrn Luschmil.

Auch Mädchen gehören zu den Ordnungsorganen, bloß haben die Mädchenorgane eine andere Funktion als die männlichen. Sie lassen sich Hände und andere Körperteile nebst Eßbestecken vorzeigen, und wenn sie nicht sauber sind, lassen die Mädchen niemand an die Schulspeisung.

So kam es, daß die Cornelia Wack zu mir sagte, ich soll vorzeigen. Ich antwortete: »Als ich klein war, hab ich vorgezeigt, jetzt laß ich suchen.« Die Cornelia schrieb mich gleich auf, und weil ich mir nichts daraus mache, ging ich eben nicht essen.

Ich machte mein Gesicht ein bißchen naß und bestrich es mit Kreide. Als es trocken war, hatten wir Unterricht bei unserer etwas schwachsichtigen Frau Pitthuhn. Sie fragte gleich, wovon ich so blaß bin und ob mir übel ist. Mein Freund Harald machte das Theater mit und erklärte meinen anderen Umstand, indem er sprach: »Der Ottokar durfte nicht zum Essen, und jetzt ist ihm vielleicht vor Hunger schlecht geworden. So was gibt's.« Die Bärbel Patzig hob gleich mißtrauisch den Kopf, aber die Frau Pitthuhn befahl dem Harald, er soll mich schnell begleiten, erst ein bißchen an die Luft und dann zum Essen, und wir sollen der Küchenfrau sagen, daß alles in Ordnung geht.

Draußen war mir überhaupt nicht mehr übel, und wir taten, was uns die Frau Pitthuhn befohlen hat, bloß umgekehrt. Zuerst gingen wir in die Küche, und der Harald sagte, uns schickt die Frau Pitthuhn, weil bei mir was nicht in Ordnung ist und ich schnell etwas essen muß. Die Küchenfrau war sehr froh darüber, daß jemand freiwillig noch essen will, und gab aus. Auch der Harald aß noch einmal mit; denn er hat einen genauso gesunden Magen wie ich und verträgt sogar die Schulspeisung. Als wir fertig waren, gingen wir zur Verdauung über und an die frische Luft, wie uns die Frau Pitthuhn geheißen hat.

In der nächsten Pause sagte die Frau Pitthuhn, jetzt gefall' ich ihr besser. Aber da tauchte der Herr Luschmil auf, und dem gefiel ich nicht; denn er war Aufsichtslehrer, und die Cornelia hatte mich bei ihm schon angezeigt. Er kam schön steif und aufrecht auf mich zu und fragte streng, warum ich der Cornelia nicht gehorcht habe. Ich dachte, das beste ist, wenn ich nicht gleich verstehe, und sprach unschuldig: »Wieso?« Der Herr Luschmil entgegnete, daß nicht ich, sondern er die Fragen stellt. Deshalb antwortete ich vorsichtshalber: »Ach so!« Aber das war auch nicht richtig, und so mußte ich mir eine Predigt anhören. Der Herr Luschmil sprach gerade das Gebot auf: Du sollst diszipliniert sein und nicht immer widersprechen. Und wie er zum 37. Gebot übergehen wollte, warf sich die Frau Pitthuhn dazwischen und rief, der Herr Luschmil muß nicht so hart sein; denn dem Ottokar war vorhin so schlecht und schwindlig. Das kommt davon, weil der Junge nicht zum Essen durfte. Der Herr Luschmil erwiderte, er kennt mich, und er glaubt mir nur, daß ich meistens schwindle. Der Harald meinte nachher zu mir, es ging noch einmal gut. Ich sagte, als Pionier hat er recht, aber als Mensch tut mir jetzt die Frau Pitthuhn leid, weil ihr der Herr Luschmil sicher alles zustecken wird, und das beste wird sein, ich helfe ihr mal im Garten beim Umgraben oder beim Kohlereintragen.

Das schlimmste ist, daß jetzt sogar unsere Toiletten und andere illegale Treffs von Ordnern beobachtet werden. Die Toilette ist nämlich ein Ort, wo sich gern begabte Schüler aufhalten, zum Beispiel Junge Malkünstler, Junge Raucher, Junge Bläser, Junge Kundschafter, Junge Tauscher und Händler und andere Zirkelmitglieder. Das ist jetzt schwieriger, weil Junge Ordner aufpassen. Und dabei geschah folgendes: Ich hatte wieder einmal Lust, unserem Toilettenklub einen Besuch abzustatten, und der Schweinesigi sagte, er wird mich als Gevatter begleiten. Wie wir gerade so schön saßen und ein interessantes Thema besprachen, nämlich den Bandwurm, welcher im Biologieraum aufbewahrt ist, da sahen wir jemand heranschleichen. Es war der Ordnungsschüler Speckmann, der an unserer Tür lauschte, und wir erkannten ihn gleich von unten an seinen dreckigen Schuhen.

Deshalb sagte ich zum Schweinesigi: »Es ist gut, daß wir mal allein sind, und ich verrate jetzt ein Geheimnis. Ich habe einen Bandwurm, und unser Herr Brettl als Bio-Lehrer wird sich freuen, wenn er bald niederkommt und Zuwachs erhält.«

Der Schweinesigi hat gleich erraten, warum ich so spinne, und antwortete: »Ich möchte mir auch einen zulegen, aber ich weiß nicht, wie man das anfängt.«

Ich sprach: »Du bist noch nicht reif und überhaupt zu klein. Die aus der zehnten Klasse sind anfälliger für die Empfängnis von Bandwürmern und vermehren sich dort leichter. Ich hab' das in einem Gesundheitsbuch gelesen.«

Der Schweinesigi wollte jetzt wissen, wie sich ein Bandwurm fortpflanzt. Ich klärte ihn auf und antwortete, das ist verschieden, meistens durch Ansteckung, und dazu genügen schon ein Paar dreckige Schuhe wie die vom Speckmann. Man kann sich auch auf der Toilette anstecken. Damit das überwacht wird, hat man Ordner als Bandwurmverhütungsmittel aufgestellt.

Als der Ordner Speckmann das hörte, rannte er weg. Er holte uns aber bald wieder ab und befahl, wir sollen gleich zum Herrn Direktor Keiler kommen. Der Speckmann sagte ganz aufgeregt zu ihm, das ist er, und er zeigte auf mich. Der Herr Direktor schickte dann den Ordner wieder auf seinen schweren Posten.

Zuerst ist der Herr Direktor ein bißchen hin und her gegangen, wobei er mich beschaute. Als er nichts Verdächtiges entdeckte, fragte er mich, ob mir öfter übel ist. Ich dachte, am besten ist, man macht ein nachdenkendes Antlitz, aber der Schweinesigi wollte mir beistehen und antwortete, daß mir gestern bei Frau Pitthuhn übel war, auch war ich ganz blaß. Der Herr Direktor ließ jetzt die Frau Pitthuhn holen. Sie kam ziemlich schnell angesprungen, und als sie mich sah, fragte sie gleich, ob mir heute wieder schlecht war. Ich antwortete, heute nicht so. Die Frau Pitthuhn erzählte dem Herrn Direktor, wie blaß ich gestern aussah, und sie hat sich schon Sorgen gemacht. Der Herr Direktor antwortete, dann ist also doch was dran, und er schickte uns einen Augenblick raus. Draußen hörten wir, wie der Herr Keiler zur Frau Pitthuhn sprach: »Der Domma hat wahrscheinlich einen Bandwurm, und man muß was unternehmen.« Auch befahl er der Frau Pitthuhn, sie soll sich um mich kümmern und zum Arzt schicken. Er ruft gleich die Poliklinik an. Und so mußte ich mit dem Schweinesigi abdampfen.

Als wir zur Poliklinik kamen, wußte der Arzt schon Bescheid. Es warteten viele Leute, und darum untersuchte er uns erst gar nicht, sondern gab uns ein Rezept für die Apotheke, und ich soll es vorschriftsmäßig einnehmen und auf der Toilette aufpassen.

Ich dachte, es genügt, wenn die Ordnungsschüler auf der Toilette aufpassen, und das Bandwurmmittel holen wir gar nicht erst ab. So sparen wir für unsere Republik Geld. Es reicht, wenn meine Tante Anna dauernd alle Medizinen und Pillen schluckt. Denn sie hat wirklich ein schweres Kopfleiden. Es heißt Hüpochondrismus oder so.

Nach diesem Bandwurmquatsch wurde uns verboten, unsere Toilette zu besuchen, bis alles neu deskonfektioniert ist, und wir durften zum erstenmal die Lehrertoilette mitbenutzen. Sie war schön weiß und viel sauberer und sogar mit richtigem Toilettenpapier geschmückt. Mein Freund Harald sprach darum zu mir: »Als Mensch gönne ich unseren Lehrern diesen schönen Kulturraum, aber als Pionierfunktionär muß ich sagen: Der Kampf um die Gleichberechtigung für alle Teile geht weiter.«

Das 7. Kapitel

macht auf Würmer im Kollektiv aufmerksam und beschreibt den Inhalt der Tasche einer Lehrerin.

Als ich am Montag wieder zur Schule kam, mußte ich erst melden, daß mein Bandwurm erledigt ist. Der Herr Burschelmann glaubte es mit einem zusammengekniffenen Auge, während er mit dem anderen mich durchschaute. Aber er hat nichts verraten, und so glaubten es die anderen auch.

Eigentlich sollten wir gleich Mathematik haben, doch der Herr Burschelmann hatte an diesem Tage eine große

Redelust, und so erzählte er uns eine erfundene Geschichte. Sie ging so: Der Herr Burschelmann sagte, er ist vielleicht nicht mehr ein Jüngling mit lockendem Haar, aber noch lange kein alter Klepper, welcher blind den Weg findet. Und so sieht er auch genau, was mit uns seit einiger Zeit los ist. In uns sitzt ein kollektiver Wurm, und der nagt und nagt, und wenn wir ihn nicht entfernen, frißt er uns.

Die Mädchen gruselten sich und machten große Angstaugen. Dem langen Schücht juckte es irgendwo, und zwar unschenierlich. Ich habe mir gleich gedacht, worauf der Herr Burschelmann hinauswollte, und wartete ab, wie es weiterging. »Der Wurm heißt Unordnung«, rief der Herr Burschelmann, und er hat schon Nachkommen. Sie heißen Disziplinlosigkeit, Radau und Blödelei, die ansteckend sind und sich schnell verbreiten. Dabei guckte der Herr Burschelmann zu mir. Aber ich dachte, so blöde Wurmnamen gibt es gar nicht, und ich nickte ihm zu, damit er seine Geschichte weitererzählt.

Der Herr Burschelmann sah jetzt schon voraus, was aus uns wird. Die einen müssen später Schienen kratzen oder Jauche pumpen, die anderen werden Taugenichtse oder Gammler, und es kann auch sein, daß einer von uns einmal hinter schwedischen Gardinen sitzt.

Ich wunderte mich darüber sehr und dachte, wozu erst nach Schweden fahren, unsere Gardinen sind auch nicht schlecht. Aber es hat keinen Zweck, dagegenzureden; denn der Herr Burschelmann ist viel herumgekommen und kennt sich in solchen Sachen besser aus. Er beendete darum seine Rede mit dem Aufruf: »Reißt euch zusammen, und ab heute bitte ich mir Ordnung und Disziplin aus.«

Er sagte dann noch, bei Blödeleien sollen wir uns etwas Besseres ausdenken, und weil er mich vielleicht für einen besseren Denker hielt, durfte ich gleich wieder einmal an die Tafel und zeigen, ob ich auch was anderes kann. Ich hab es ihm gezeigt und bekam dafür die mündliche Note »Du bist mir schon ein Früchtchen«, aber was er schriftlich ins Klassenbuch hineinschrieb, verriet er nicht. Wir konnten auch in der Pause nicht nachsehen, weil den Lehrern verboten wurde, das Klassenbuch einfach liegenzulassen.

Und so kam es, daß ich in der letzten Stunde bei Frau Seidenschnur sitzen blieb.

Sie fragte, warum ich hier sitze, die anderen sind schon alle weg. Ich antwortete: »Wegen der schlechten Zensur in Mathematik. Herr Burschelmann hat sie ins Klassenbuch eingetragen, und jetzt trau ich mich nicht nach Hause.« Eine schlechte Zensur guckt sich jeder Lehrer gern an, und so tat es auch die Frau Seidenschnur. Sie guckte und sprach dann: »Was hast du denn? Ich sehe bei dir eine Eins!« Jetzt war mir wohler, und ich wußte, die mündliche Zensur »Früchtchen« war eine Auszeichnung. Daher das schöne Sprichwort: Die schlechtesten Früchtchen sind es nicht, woran die Wespen, Lehrer und andere Insekten nagen.

Ich bin an diesem Tage ziemlich froh nach Hause gegangen und half der Frau Seidenschnur ihre schwere Tasche tragen. Sie sagte: »Du bist doch ein guter Junge, und wenn du noch ein bißchen Zeit hast, kannst du mich vielleicht zum Gemüseladen begleiten. Ich muß noch Kohl holen und sehen, was es sonst noch gibt.« Und so gingen wir.

Der Gemüseladen war nicht sehr voll. Die Frau Seidenschnur packte alles in ein Netz, und als sie bezahlen wollte, fand sie in ihrer Tasche das Portemonnaie nicht. Die Gemüsehändlerin Frau Wurzel sprach, die Frau Seidenschnur soll sich ruhig Zeit lassen. Sie kann auch morgen bezahlen; denn sie weiß, wer Frau Seidenschnur ist.

Die Frau Seidenschnur wußte das auch, aber nicht, wo das Portemonnaie blieb. Und so wühlte und wühlte sie weiter, und das Durcheinander war jetzt viel schlimmer als vorher.

Hinter der Frau Seidenschnur stand die Gattin vom Zahnarzt Stummel, und weil sie lieber vornehm im Auto sitzt als anzustehen, fragte sie zänkisch, wie lange sie noch warten muß? Und sie muß sich wundern, wieso jemand ohne Geld einkaufen geht. Die Gemüsefrau antwortete, daß die Frau Seidenschnur eine berufstätige Kundin ist, und das kann jedem passieren.

Als die berufstätige Kundin das hörte, wurde sie noch kribbeliger und sah zu mir wie eine Frau mit Schmerzen. Ich sprach ruhig zu Frau Seidenschnur, sie muß nicht nervös werden, denn sie hat ihr Geld ehrlich verdient, während manche drängelnden Frauen keinen Finger krumm machen und ihre verdienenden Männer ausnehmen. Deshalb haben sie mehr Zeit und können ihre Taschen aufräumen. Und es ist besser, wenn die Frau Seidenschnur ihre Tasche systematisch entleert, dann finden wir das Portemonnaie bestimmt.

Das geschah. Die Frau Seidenschnur packte jetzt ihre Tasche um, und es kamen systematisch zum Vorschein: ein Packen Bücher und Hefte, Strickzeug, ein Schal, eine Brille, ein Knirps, eine kaputte Schachtel mit bunter Kreide, ein Trommelrevolver, ein leeres Schreibetui, eine Kindermütze, noch eine Schachtel, ein Säckchen Murmeln, ein roter Lippenstift, drei Taschentücher, nämlich zwei benutzte und ein glattes, eine Stimmgabel, Skatkarten, eine Taschenlampe, Puderdose, zwei Kämme, eine ganze Menge Ausweise, Odokollongsch, Kreidestückchen, einzelne Pfennige und Groschen, eine angeknapperte Salzstange, verschiedene Knöpfe, ein Päckchen Majoran, Kugelschreiberminen, Tabletten, Heftpflaster, ein Gummiband und ein Bonbon. Den gab sie mir. Bloß das Portemonnaie war verschwunden.

Die Frau Seidenschnur guckte ganz traurig, weshalb ich sie wieder tröstete und sprach, sie hat es bestimmt zu Hause gelassen. Meine Mutter hat auch einmal in ihrer Tasche eine Fahrkarte gesucht, weil sie ein Kontrolleur sehen wollte. Ich sagte zu ihr, daß es ja einmal schiefgehen muß, da nahm der Kontrolleur meine Mutter mit. Später hat sie sich wieder eingefunden. Sie fiel beim Wühlen auf den Fußboden, und der Kontrolleur mußte ihr glauben, daß sie keine berufsmäßige Schwarzfahrerin ist. So was gibt's, und die Frau Seidenschnur soll ruhig wieder alles systematisch einpacken. Das geschah.

Als wir die Bücher und Hefte zum Schluß reindrückten, schrie die Frau Seidenschnur froh, hier ist das Portemonnaie. Es war in einem Buch eingeklemmt. Alle freuten sich mit, und ich sagte: In einer ordentlichen Tasche findet sich alles wieder.

Ich dachte an diesem Nachmittag: So ist es im Leben. Der Herr Burschelmann sieht bei uns bloß negative Würmer, und er sollte sich ruhig einmal als Lehrergewerkschaftsmann auch darum kümmern, wie den Lehrerinnen das Einkaufen erleichtert wird. Auch das gehört zu einer ordentlichen Schule!

Das 8. Kapitel

kritisiert die feinen Unterschiede, die unser Herr Lehrer Kurz beim Verteilen von Zensuren anwendet, und erklärt, warum er nicht mehr in unsere Klasse kommen möchte.

Ein paar Tage lebten wir ganz friedlich in der Schule. Der Ordnungsdienst ließ uns in Ruhe, weil wir ihm auch nichts getan haben, und man muß zugeben, daß sich die Ordnungsschüler ganz ordentlich betragen. Mit den großen Schülern reden sie vernünftig, auch uns bedrohen sie bloß noch mit Fäusten und Flüchen und Anzeigen, wogegen wir uns nicht provozieren lassen. Man nennt diesen Zustand auch friedliche Koexistenz.

Sogar die Sauberkeits-Cornelia konnte nichts mehr an mir aussetzen. Ich habe mir nämlich von meiner Mutter ein Paar weiße Handschuhe geborgt, und wenn wir zum Essen gingen, zog ich sie mir an. Die Cornelia dachte erst, ich will dahinter bloß meine dreckigen Griffel verstecken, aber als ich sie auszog, war sie zufrieden. Weil die Mädchen wegen der Gleichberechtigung für ihr Leben gern befehlen, verlangte Cornelia, ich soll sie auch beim Essen ausziehen. Ich tat das aber nicht, sondern fragte, wo es Vorschrift ist. Sie konnte mir das nicht sagen, und so ergab sie sich ihrem Schicksal.

Mein hygienisches Vorbild war ein wirkungsvolles; denn einige andere Schüler zogen sich jetzt auch weiße Hochzeitshandschuhe an. Der Herr Direktor Keiler fragte, was mit uns los ist, und der Herr Burschelmann antwortete, das gibt sich von alleine. Wenn man sich dagegen aufregt, kommen sie morgen mit Brautschleier und Narkosebinden vor dem Mund. Das beste wird sein, wir reden noch einmal mit den Ordnungsdienstschülern, damit sie ihre Funktion nicht überdrehen. Auch könnte es nicht schaden, wenn wir für die Speisetische ein paar freundliche abwaschbare Decken besorgen würden, dann fällt die Unkultur mit den weißen Handschuhen nicht so auf. Man kann das Geld ja vom Schrottsammeln aufbringen. Der Herr Direktor Keiler erwiderte, er möchte auch so viel Geduld haben, aber mit den Tischdecken, das ist kein schlechter Gedanke.

Doch nach Sonnenschein folgt auch wieder Regen, und zwar in der Gestalt von Herrn Kurz. Der Herr Kurz kam in die Klasse und setzte sich hin. Er hatte die Diktathefte vor sich und machte dazu ein spannendes Gesicht. Wir wissen aber, daß sich sein Antlitz verändert, wenn er die einzelnen Namen aufruft. Dazu verteilt er Sprüche und verkündet Zensuren, erst die guten und nach und nach die immer schlechteren. Das ist wie im Theater, und man merkt genau, wenn das Drama dem Ende entgegengeht. So war es auch jetzt.

Der Herr Kurz rief ganz sanft: »Bärbelchen, wo bist du, mein Kind?« Die Bärbel Patzig erhob sich froh wie eine Schülerin in guter Hoffnung. Sie ging nach vorn und zeigte von hinten ein stolzes Wackeln und Wippen. Der Herr Kurz verdrehte die Augen zur Bärbel und sprach mit spitzem Mund: »Wie immer süperb!« Das ist ein fremdländisches Wort und heißt auf deutsch: Mein allerliebstes Bärbelchen, du hast wieder ein ganz fabelhaftes Einschen geschrieben. Dabei tätschelte der Herr Kurz ihre rosige Wangenhaut. Das Bärbelchen schritt danach noch stolzer zurück und zeigte allen ihre Zensur.

Der Herr Kurz rief jetzt nach der Wally. Kumpel Wally trampelte nach vorn, und der Herr Kurz sagte: »Bonforzionös, das kann sich sehen lassen!« Vielleicht hätte er die Wally auch getätschelt, aber Wally nahm schnell das Heft und trampelte zurück.

Jetzt schaute der Herr Kurz in die Klasse, als wenn er jemand suchte. Er fragte ängstlich: »Wo ist denn unsere Sonja?« Unsere Sonja zog sich gleich den Exquisitpullover straff, damit ihre Brust richtig rauskommt. Der Herr Kurz sprach: »Allabonör!« und winkte die Sonja näher ran und zeigte mit seinem Finger auf einen Fehler. Die Sonja markierte ein kleines Schrecklein, und der Herr Kurz tröstete sie mit seiner Hand und flüsterte: »Kopf hoch, noch eine gute Zwei.« Diesen Befehl ließ sich Sonja nicht zweimal sagen und ging mit hohem Kopf dahin.

Nun war es soweit, daß auch ein paar Knaben nach vorne mußten. Es waren der Harald, der Klaus Bieber und ich. Uns sprach der Herr Kurz lauter an, nämlich mit »Müsjee Domma, noch Zwei!« Bei den Dreier-Knaben dagegen rief er bloß »Drei!« und bei den Dreier-Mädchen »Olala, wie kannst du nur so enttäuschen!« Den Edwin Raschke begrüßte er soldatisch mit einem einfachen, aber kräftigen »Vier!«, die faule Mia dagegen mit einem schmerzhaften Antlitz, welches jammerte: »O Mia, Mia!«

Auf dem Tisch lag nur noch ein Heft, und wir wußten, daß es jetzt dem Höhepunkt der Theatervorstellung entgegenging. Es war das Heft vom Schweinesigi.

Der Sigi ist sonst kein schlechter Schüler und steht in Mathe, Bio und Werken auf Zwei, manchmal sogar Eins, auch in Geschichte. Bloß in Rechtschreibung und Russisch ist er eine Niete, und es passiert, daß er manchmal russische und deutsche Buchstaben durcheinanderbringt und statt Vater Vamer oder so was schreibt. Er meint, im Jahre 2000 brauchen wir sowieso eine RGW-Weltsprache, dann ist das vielleicht gerade richtig.

Wir wußten, was jetzt auf Sigi zukommt, nämlich eine Ansprache von Herrn Kurz. Sie kommt immer näher und näher, bis man sie im Gesicht spürt, bestehend aus Wasserbläschen. Davor fürchtet sich jeder hygienische Schüler. Deshalb gab ich dem Sigi einen guten Ratschlag, was er dagegen tun kann, und als sein Name aufgerufen wurde, hatte Sigi seine Abwehrmaßnahmen beendet, indem er sich was an die Nase schmierte.

Der Herr Kurz faßte das Heft an, als wenn es beißt, und hob seine Stimme immer ein paar Töne höher. Er verglich Sigi mit Johann Wolfgang Goethe, der 40.000 Worte und mehr richtig schreiben konnte und trotzdem sterben mußte, wogegen so was wie Sigi lebt. Der Herr Kurz kam mit seiner Rede immer näher und näher. Auf einmal blieb er ganz erschrocken stehen und wich vor dem Sigi zurück wie vor einem Geist. Es war aber kein Geist, sondern nur ein Kügelchen Kaugummi, das sich Sigi an ein Nasenloch geklebt hatte. Aber der Herr Kurz hat sich so geekelt und rannte gleich aus der Klasse, während Sigi wie ein ordentlicher Schüler seine Nase mit dem Taschentuch putzte. Es war ziemlich sauber.

So geschah es, daß in der Pause der Herr Kurz unserem Herrn Burschelmann zuschrie, er will in unserer Klasse keine Stunde mehr unterrichten, und er besteht darauf, daß die meisten Knaben ausgesondert werden. Auch wird er von unserem Anblick krank, und es ist kein Wunder, wenn er morgen wieder zum Arzt muß.

Der Herr Burschelmann wurde ganz zornig und hatte von uns auch genug. Er schrie vor der letzten Stunde in unsere Klasse, niemand soll nach dem Unterricht seinen Platz verlassen, wir sprechen uns noch.

Als es soweit war, fragte der Herr Burschelmann, was wirklich war, und er will es jetzt wissen. Weil sich niemand meldete, stand ich auf und sagte zum Herrn Burschelmann, es ist eigentlich gar nichts passiert. Der Herr Kurz verteilte die Diktate und rief uns auf, die Mädchen mit Vornamen und die Knaben mit Nachnamen, und keiner hat sich was dabei gedacht, weil wir es schon so gewohnt sind. Als der Sigi mit seiner Fünf dran war, bekam der Herr Kurz einen Anfall, wir erschraken, und der Sigi hat sich die Nase geputzt, das war alles, stimmt's?

Die Klasse schrie ja, weil sie Sigis Nase nicht sehen konnte, und der Herr Burschelmann wußte zum erstenmal in seinem Leben nicht, was man darauf antworten soll. Er stand und wischte sich sein Gesicht und sein kräftiges Genick und guckte zum Fenster raus. Auch sah er ziemlich alt aus. Nach einer Weile sprach er fast ruhig, wir sollen schnell und leise die Klasse verlassen, alles andere wird er mit den Eltern besprechen.

Wir gingen. Ich war der letzte, und wie ich mich an der Tür noch einmal umdrehte, stand der Herr Burschelmann immer noch schwitzend da und schaute zum Fenster raus. Ich dachte, eigentlich ist er doch der beste Knurrer und Lehrer, den es auf der Welt gibt, und ich nahm mir vor, ab morgen keinen Kaugummi mehr mitzubringen, und wer jetzt noch einmal undiszipliniert oder unhygienisch ist, dem knall' ich eine. Mit diesem Vorsatz verließ ich die Klasse. Aber es kommt immer anders, als man denkt, und man soll nicht glauben, was wegen so ein bißchen Quatsch alles nachfolgt.

Das 19. Kapitel

ist so was wie ein Höhepunkt, von dem aus ich anfange, über mich, über Herrn Burschelmann und Herrn Luschmil etwas gründlicher nachzudenken.

Die anderen waren schon alle nach Hause gegangen, und ich mußte wegen der Klopperei in der Klasse bleiben und im Auftrag des Herrn Luschmil einen Aufsatz schreiben. Das Thema lautete: Wie ich mich auf dem Schulhof zu benehmen habe. Danach sollte ich den Aufsatz im Lehrerzimmer vorzeigen.

In fünf Minuten war ich fast fertig. Der Aufsatz ging so: »In der Pause habe ich mich anständig zu benehmen. Man darf sich nicht prügeln und darf auch nicht wie wild herumrennen, sondern muß ruhig dahinschreiten. Brüllen ist auch nicht gestattet, ebenso gehört es sich nicht, Papierchen und Kippen wegzuschmeißen, und den Ordnungsschülern wie Old Schätterhänd, Speckmann Willi und anderen sollen wir ...«

Als ich daran dachte, was wir sollen, bekam ich eine Wut und schrieb unter den Aufsatz: »So ein blöder Luschmilquatsch!« Eher wollte ich mir einen Zahn ziehen lassen, statt etwas zu schreiben, was ich nicht ehrlich denke.

Wie ich gerade den Zettel aus dem Heft herausriß, kam der Herr Burschelmann ins Klassenzimmer und suchte im Schrank nach einem Buch. Erst tat er, als wenn er mich nicht sieht und nicht kennt, doch dann hielt er es wohl nicht mehr länger aus und sprach von hinten in den Schrank: »Brauchst gar nicht so zu schielen, ich weiß schon, was los war.«

Ich legte den Aufsatzzettel zwischen ein anderes Heft und nahm mir vor, trotzdem nichts mehr zu schreiben. Der

Herr Burschelmann bückte sich und redete aus dieser Stellung weiter: »Du denkst, mit Prügeln kannst du die Welt verbessern.«

Ich dachte, eine schöne Welt, wo man einem Pionier gemeine Sachen an den Kopf knallt und dafür vielleicht noch Dankeschön sagen muß. Und so ein Schuft wie Old Schätterhänd ist Ordnungsschüler! Für diese Ungerechtigkeit geb' ich keinen Groschen und keinen Aufsatz ab.

Der Herr Burschelmann wunderte sich gar nicht über mein leises Denken, sondern ging mit einem Buch zum Fenster und sprach gegen die Scheiben: »Wir haben uns früher ja auch geprügelt, mit Herrensöhnchen. Aus Notwehr prügelten wir uns, verstehst du? Aber das war eine ganz andere Zeit.«

Jetzt bin ich schon ein bißchen neugieriger geworden und dachte mir, die Fäuste vom Herrn Burschelmann sind nicht von schlechten Eltern, und ich wartete darauf, daß er weitererzählt. Aber so ein erwachsener Mensch ist doch ziemlich vergeßlich; denn der Herr Burschelmann sprang gleich in die neue Geschichte: »Nach dem Krieg hatte ich keine Angehörigen mehr und hab' mich in einem Dorf einer kleinen FDJ-Gruppe angeschlossen. Wir richteten uns hinter der Schule im Geräteschuppen ein Heim ein, mauerten, setzten einen Ofen, weißten die Wände, einer hat einen Leuchter geschnitzt, und die Mädchen machten den Raum gemütlich, so gut es ging. Eines Morgens war die Tür aufgebrochen, im Raum alles durcheinander. Die Wände, Tische, Bänke und der Fußboden waren mit frischem Mist beworfen. An der Tür stand mit Kreide geschrieben: ›So haust die FDJ.‹«

Das war gemein, dachte ich.

Der Herr Burschelmann ging zum Schrank und redete weiter: »Wir wußten aber, wer es war. Ein paar Umsiedlerjungen, von Großbauernsöhnen angesteckt.«

Ich hielt es nicht mehr aus und fragte freudig: »Haben Sie die Bengels verprügelt, ja?«

»War mein erster Gedanke. Aber dann dachte ich: arme Teufel. Für ein Butterbrot haben sie das gemacht. Wir ließen es jedenfalls sein und baten den jungen Lehrer, der aus Kriegsgefangenschaft gekommen war und gleich unterrichten mußte, um Hilfe.«

»Und der hat die Banditen verhauen?«

»Wirst lachen, hat er nicht. Er ging zum Bürgermeister und ließ vom Gemeindediener im Dorf bekanntgeben: Wer sehen will, wie die FDJ haust, soll sich heute abend in der Schule versammeln. Fast alle sind gekommen, schon aus Neugierde. Der Lehrer hat sie von der Schule schweigend zu unserem Heim geführt und nur drei Sätze gesagt, die ich nie vergessen werde: ›Vorher war das ein halbverfallener Schuppen. Die FDJ hat in wochenlanger Arbeit ein Heim daraus gemacht. Letzte Nacht haben ein paar Dorfjungen es so verändert!‹ Mehr sagte er nicht. Die Leute sind stehen geblieben. Einige schämten sich, andere schimpften.«

»Und die haben die Jungs dann verprügelt?«

Der Herr Burschelmann lachte und sagte: »Geredet haben sie zwar davon, doch dann haben einige Väter mit uns das Heim wieder saubergemacht.«

Der Herr Burschelmann putzte seine Brille und kam zu meinem Platz. Er lockte mit seinem schweren Zeigefinger und knurrte: »Zeig schon her, deinen Aufsatz. Ich kann mir sowieso denken, was du geschrieben hast.« Er las ihn und gab mir den Zettel wie ein ekliges Stück zurück, indem er sagte: »Nicht einmal zum Hintern ... na, du weißt schon was ich meine.«

Am Lehrertisch schloß er sein Fach auf. Er wühlte darin und erzählte weiter: »Vor einigen Jahren, ich war selbst schon Lehrer, sah ich den Kollegen von damals wieder. Er hatte Unglück in seinem Leben. Ein wildgewordener Schüler hatte seine Frau, sie erwartete ein Kind, auf dem Schulhof zu Fall gebracht. Ärztliche Hilfe kam zu spät. Die Frau lebt zwar, doch ein Kind kann sie nie mehr bekommen, vorbei. Aber wozu erzähl' ich dir das? Prügelt euch nur weiter, ihr Dösköppe, noch ist ja nichts Schlimmes passiert. Und der Treppenrutscher Benno Raschke ist auch wieder zusammengeleimt, da war ja sowieso die Aufsichtslehrerin schuld, oder nicht?«

Der Herr Burschelmann hat ein paar Bücher in die Tasche gepackt und ist grimmig zur Tür gegangen, wobei er noch sagte: »Falls es dich dennoch interessiert: Der Lehrer, von dem ich die ganze Zeit erzählte, ist euer Herr Luschmil.« Draußen war er, der Herr Burschelmann. Aber er steckte noch einmal den Kopf zur Tür rein und rief mir zu: »Hau schon ab, du Lorbaß, mit Herrn Luschmil hab' ich geredet.«

Ich haute aber noch nicht gleich ab, weil ich jetzt lieber allein sein wollte. Auch zerknüllte ich meinen Aufsatz und dachte, es ist besser, wenn wir unsere Streitigkeiten selber regeln und nicht von den Lehrern regeln lassen, vielleicht geht es auch ohne Prügeln, und wir müssen uns was ausdenken. Man könnte ja für die große Wandzeitung im Flur einen gepfefferten Artikel schreiben. Auch müßte es darin nicht so sehr um die Verbesserung der Welt gehen, sondern um die Schule und um Old Schätterhänd nebst Konsorten und um uns überhaupt.

Als ich unten am Lehrerzimmer vorbeischlich, juckte es, und ich guckte schnell mal durchs Schlüsselloch. Dahinter sah ich Herrn Luschmil und die Frau Seidenschnur sitzen. Sie korrigierten Hefte. Auf dem Hof stand Herrn Luschmils Trabant. Eigentlich wollte ich ihm ja die Luft ablassen, aber dann nahm ich mein Taschentuch und putzte ihm die dreckige Windschutzscheibe blank.

Ottokar, der Gerechte

So ein Theater im Theater

Zu den schönsten Besuchen, die ich erlebte, gehört eigentlich ein Theaterbesuch. Meine Gefährtin war die Mutter. Erst sollte mein Vater mit ihr ins Theater gehen, aber als es soweit war, sprach er: »Leider kann ich nicht mitkommen, weil ich mit meinen Kumpels eine Sonderschicht fahre, es geht um die Intensivierung.« Und er fügte hinzu, daß es nicht schadet, wenn die Mutter mich mitnimmt. Einmal muß ich mich ja auch von der Kultur belecken lassen.

Die Mutter sah sehr gekränkt aus und meinte, so ist es immer. Sie zeigte dem Vater ihre warme Schulter und sagte an diesem Tage kein Wort mehr zu ihm. Mir dagegen strich sie übern Kopf, und ich soll mich schön anziehen, sagte sie, und wir werden uns allein amüsieren. Und so beschloß ich, das erstemal gegen meinen Vater eine Theaterschicht zu fahren.

Das Anziehen ging bei mir wie immer schnell, bei meiner Mutter dauerte es ziemlich lange. Sie sah danach sehr schön aus, wie unser Fräulein Heidenröslein. Ich dagegen nicht so sehr. Sie meinte, mit Tschiens und Rollkragenpullover kann man nicht ins Theater gehen. Ich hätte ja gern noch ein bißchen darüber diskutiert und unseren Herrn Burschelmann als Beispiel hingestellt, aber dann dachte ich, wozu die Mutter noch mehr verärgern. So zog ich gegen meinen starken Willen die ekelhaft schönen

Hosen an und dazu ein neues Hemd nebst Pulli. Meine Mutter klebte mir mit Spucke noch ein paar Haarstruppel fest, und jetzt war ich sehenswert.

Beim Theater waren wir eine Viertelstunde zu früh da. Ein Mann kam auf meine Mutter zu und fragte, ob sie vielleicht noch eine Karte übrig hat, er zahlt West. Meine Mutter war ganz erschrocken, deshalb sprach ich für sie: »Wir haben keine Karte übrig und brauchen auch keine Arbeitslosenunterstützung.« Der Mann ist ganz schnell verschwunden.

Im Vorraum vom Theater standen viele Leute rum. Die Frauen schauten meistens in den Spiegel und die Männer auf die Frauen, die vorbeigingen. Danach schauten die Frauen auch auf die vorbeigehenden Frauen. Sie verzogen dabei die Lippen und sagten manchmal: »Wie die aussieht!« Die Männer sagten dann auch schnell, daß man so nicht aussehen darf.

Einer mit Bart hat meiner Mutter nachgeschaut. Meine Mutter hat es gemerkt und darum den Kopf ein bißchen höher gehoben. Jetzt schaute der Mann noch verrückter. Als wir in den Saal hineingingen und unseren Platz suchten, kam der Bartmensch hinterher. Ich sagte zu der Mutter, der alte Schei ... Scheich ist ganz wild nach ihr, und wenn sie will, kann ich ihn verekeln. Die Mutter verbot es und verlangte, ich soll mich anständig benehmen.

Aber das Unglück wollte es, daß der Bartmensch neben meiner Mutter saß. Er zeigte ihr sogar seine gelben Zähne. Meine Oma hätte gesagt, das ist eine Fügung des Schicksals, aber mir gefiel diese Fügung überhaupt nicht, weil sie ganz stielige Glotzaugen machte. Ich flüsterte meiner Mutter zu, ob wir die Plätze tauschen wollen, aber die Mutter ließ das nicht zu und schaute in ihr Programmheft.

Langsam wurde der Saal voll. Dauernd mußten wir aufstehen, und immer roch es anders, und als der Vorhang schon aufging, quetschte sich noch ein Mann mit einer Frau durch. Sie war ziemlich aufgetakelt und zeigte uns den dicken Hintern. Schade daß ich keine Stecknadel bei mir hatte. Dann begann das Spiel. Während des Stücks passierten aber noch so allerhand Sachen. Vor uns raschelte eine Frau dauernd mit Papierchen, und danach hörte ich ein Mampfen wie bei meiner Emma. So heißt meine deutsche Langohrzibbe. Die Frau war aber kein Kaninchen, sondern eine Dame und fraß Konfekt. Meine Mutter ärgerte sich darüber. Da ärgerte sich der Bartmensch neben ihr auch, und er zischte nach vorn, ob wir hier im Theater sind oder auf dem Rummel. Und er schaute dann zu meiner Mutter, um zu sehen, ob er für sie richtig gezischt hat. Die Frau von vorne zischte zurück und zeigte dabei schwarze Schokoladenzähne. Nachdem es von mehreren Seiten zischte, trat endlich Ruhe ein. Aber nicht lange. Denn ein paar Reihen hinter uns saß einer mit Husten. Erst hustete er solo, danach husteten mehrere. Es hörte sich an, als wenn sie um die Wette husteten. Daher kommt vielleicht das Sprichwort: Ich werd dir was husten. Der Mann mit dem Bart schüttelte dazu dauernd den Kopf und sagte dann in der ersten Pause zu meiner Mutter sehr vornehm: »Manche Leute glauben, sie befinden sich in einem Boxring.« Meine Mutter antwortete als höfliche Frau: »Leider, und es stört.«

Hätte sie bloß nicht geantwortet, denn der Mann drehte jetzt mächtig auf und erzählte meiner Mutter, daß er das Stück schon zum drittenmal sieht, und er ist immer wieder entzückt. Und er wollte wissen, wie die Mutter den einen Schauspieler findet. Weil die Mutter nichts dazu sagte, erklärte er, daß er nicht schlecht ist, bloß ein bißchen mariniert oder so. Und dabei rückte der Bartmensch immer dichter an meine Mutter ran, und er erzählte ihr, wie mariniert er ist. Deshalb fragte ich die Mutter schnell, ob sie ein Taschentuch hat. Die Mutter wurde vor Freude rot von der Abwechslung und suchte ihr Tuch. Es roch sehr gut, und damit fing endlich der zweite Akt an. Eigentlich war das auch ein Schwindel, denn auf dem Programm stand Einakter. Aber darüber darf man sich nicht aufregen, denn das Stück war sonst nicht schlecht, mein Vater als Kampfgruppenkommandeur hätte es sich ruhig mal ansehen sollen.

Dann kam eine große Pause. Meine Mutter meinte, danach singt eine Sängerin. Ich dachte, das hat mir gerade noch gefehlt. In der Pause gingen alle hinaus, die Frauen erst zum Spiegel und die Männer an die Theke. Ich ging auch an die Theke, weil ich Durst hatte. Dort war ein mächtiges Gedränge, und wenn ich mich nicht vorgeschummelt hätte, wär ich vielleicht verdurstet. Vor mir war einer, der sagte statt Saft Tschjuus. Das war wohl ein Engländer oder so was. Aber als er wegging, konnte er ganz schön deutsch fluchen: Er nannte einen Herrn dämlichen Idioten, und der Idiot antwortete Blödmann. Na ja, es gibt eben komische Namen. Als ich wieder bei meiner Mutter war, stand der Bartmensch bei ihr. Er zeigte sein gelbes Gebiß und sagte zu mir: »Tüchtig, tüchtig, junger Mann.« Ich dachte, faul, faul, alter A ..., aber das sprach ich nicht aus. Der Mann sagte gerade zu meiner Mutter, er ist schon gespannt auf die May, und meine Mutter antwortete, sie auch. Ich sagte, das heißt der Mai. Der Mann lachte, und meine Mutter erklärte, es heißt Frau Gisela May, und das ist eine berühmte Sängerin. Und als der Mann mit dem Bart wissen wollte, ob meine Mutter öfter ins Theater geht, sagte sie: »Entschuldigen Sie mich bitte« und ging auf die

Toilette. Der Mann verfolgte sie jetzt nicht mehr mit Schritten, sondern nur noch mit Blicken. Na ja, schlechte Beine hat meine Mutter nicht, und das gab sogar mein Vater öfter zu.

Viel zu schnell war der Theaterbesuch zu Ende, und die Sängerin hat nicht schlecht gesungen, sogar besser als unser Fräulein Heidenröslein. Das Trommellied hat mir besonders gut gefallen. Meine Mutter und ich klatschten wie verrückt, als es zu Ende war. Auf einmal war der Saal hinter uns schon halb leer. Ich sagte zu meiner Mutter, entweder ist ein Feuer ausgebrochen oder es gibt was Seltenes zu kaufen, weil die Leute so rennen. Auch der Bartmensch war schon verschwunden. Aber es war kein Unglück passiert, sondern nur ein Wettlauf. Es ging darum: Wer zuerst an der Garderobe ist, hat den Theaterbesuch am erfolgreichsten beendet. Leider habe ich nicht erfahren, welche Preise es gab. Der Mann mit dem Bart war ziemlich weit vorn. Als wir runterkamen, winkte er meiner Mutter, daß sie ihm unsere Blechmarken gibt. Aber meine Mutter hob jetzt wieder den Kopf, und als wir durch die Tür gingen, fragte der Bartmensch, ob meine Mutter Lust auf ein Gläschen Wein hat. Da hob meine Mutter den Kopf noch höher, und sie sah jetzt noch schöner aus, wie eine werktätige Königin. Den bemoosten Eierkopp haben wir ausgetrickst, sagte ich zu meiner Mutter, und sie bestrafte mich nicht einmal für diesen Ausdruck.

Zu Hause wartete schon der Vater. Er hatte sogar Kaffee gekocht und ein paar Brötchen gemacht. Ich sagte zum Vater: »Schade, daß du nicht dabei warst, deine Frau hat nämlich noch ganz schöne Schangsen!« Der Vater wurde nervös und fragte wieso, aber wir haben nichts verraten, und die Mutter meinte nur: »Andere merken es eben.«

Irgendwie hat sich mein Vater doch darüber geärgert, denn eine Woche später kam er wieder mit zwei Theaterkarten und sprach zur Mutter: »Aber diesmal mit mir!«

Wann und wie darf ein Schüler lachen?

Das Lachen in der Schule gehört zu den schönsten Vorkommnissen im Leben eines Schülers. Man kann das Lachen in drei Abteilungen einteilen: Erstens das normale Schülerlachen, zweitens das unfreiwillige Schülerlachen und drittens das verbotene Schülerlachen. Einer, der nicht mehr zur Schule geht, denkt vielleicht, Lachen ist Lachen, aber da irrt er sich mächtig, und ich werde das an einigen Beispielen erklären.

Das normale Schülerlachen ist am häufigsten, und es entsteht meist von ganz allein. Als Schüler können wir über alles lachen, zum Beispiel über Witze, Blödheiten, Versprecher, Fratzen, doofe und lustige Antworten, auch über Tintenkleckse, öffentliche Kleidungsstücke, ulkige Figuren beim Sport, Witzzeichnungen, nackichte Fotos, Liebesbriefchen und Liebespärchen, Kaugummiblasen, manche Bücher und Filme, schlafende Schüler, Affen im Tierpark, Clowns oder auch über moderne Damen und Lackaffen, über komische Stimmen, betrunkene Werktätige, Aprilscherze, Gesellschaftsspiele, beim Faschingsfest und überhaupt, wenn die Erwachsenen sich wichtig machen und angeben. Manchmal lachen wir, wenn wir ausgeschimpft werden, damit keiner merkt, wie es uns ärgert. Die Mädchen lachen oft nur so dahin und wissen gar nicht, warum. Es genügt schon, wenn sie sich bloß angucken. Man bezeichnet dies auch als albernes Lachen, und es entspricht nicht dem hohen Lachniveau.

Das normale Lachen muß man vom Auslachen unterscheiden. Das Auslachen ist pioniergesetzlich verboten, macht aber Spaß. Auch ist es nicht immer leicht, zwischen diesen beiden Lacharten zu differenzieren, wissenschaftlich ausgedrückt. Wenn man nicht genau weiß, ob jetzt ein erlaubtes oder ein verbotenes Lachen dran ist, braucht man nur zu gucken, ob der Pionierleiter oder der Lehrer mitlachen muß. Wenn ja, dann ist man gesetzlich geschützt, wenn nein, dann kann man immer noch durch die Nase lachen. In diesem Falle ist es aber angebracht, ein sauberes Taschentuch bei sich zu haben, sonst vergeht auch dem lustigsten Lehrer die Lache.

Das unfreiwillige Schülerlachen, auch künstlerisches Lachen genannt, hat große Bedeutung für die Aufrechterhaltung der Lehrerstimmung. Das künstlerische Lachen haben die Erwachsenen als schlechtes Vorbild erfunden und ist meistens ganz schön falsch. Dazu ein Beispiel:

Wenn der Herr Lehrer Kurz in unsere Klasse kommt, dann ist es besser, wir stellen uns auf einen ernsten Gesichtsausdruck ein. Der Herr Kurz spricht immer sehr gebildet und wissenschaftlich, und in der Wissenschaft sind dumme Witze nicht erlaubt. Aber manchmal hat auch der Herr Kurz einen Tag, an dem er lustig sein möchte. Das geht so vor sich. Er kommt in die Klasse, zeigt ein künstlerisches Lächeln und spricht sehr schön hochdeutsch: »Und nun wollen wir einmal eine Blüte der Wissenschaft anhören, was sie uns und der Nachwelt zu sagen hat.« Er ruft dann meistens den armen Schweinesigi auf. Das ist für manche Schmeichler und Kratzer das Zeichen, dem Herrn Kurz zuzulachen, und der Herr Kurz freut sich, wie es ihm gelungen ist, wenigstens einige Schüler fröhlich zu machen. Wer nicht mitlacht, ist die nächste wissenschaftliche Konifäre oder so was Ähnliches.

Ich war auch einmal ein Auserwählter, nämlich als wir unsere Klassenarbeiten zurückbekamen. Der Herr Kurz sprach lobend zu mir: »Auch ein blindes Huhn findet mal ein Korn«, und ich antwortete dankend: »Und ein alter Gockel muß Federn lassen!« Alle lachten, aber das war schon ein verbotenes Lachen. Denn der Herr Kurz fragte gleich streng, wie ich das meine. Ich sagte, biologisch, damit er mir nichts anhängen konnte.

Es kommt auch vor, daß manche Lehrer ein richtiges Witzchen machen. Trotzdem muß man dabei vorsichtig sein und darf nicht an der falschen Stelle lachen.

Das verbotene Schülerlachen tritt meistens dann in Erscheinung, wenn es nichts zu lachen gibt. Und das passiert öfter. Aber manchmal kann man sich auch täuschen. Dazu ein weiteres Beispiel:

Wenn ich Witzzeichnungen sehe, muß ich immer lachen, weil die Figuren so ulkig sind. Manchmal schneiden wir sie aus und kleben sie im Flur an die kritische Wandzeitung. Gestern stand ich wieder davor und habe mich über eine Figur halb kaputt gelacht. Ich sagte zu meinem Freund Harald: »Guck mal, der da sieht aus wie der Herr Burschelmann. So ein Bauch und so eine Knollennase!« Der Harald hustete und gab mir einen Tritt von der Seite. Ich dachte, es ist Freude, und fuhr fort: »Und die Hosen sind genauso verbeult wie beim Herrn Burschelmann!« Der Harald fing plötzlich leise an zu singen: »Paß auf, paß auf, sonst gibt's was drauf!« Ich dachte, er besingt die Knollennase und ergänzte meine Bildbetrachtung: »Wenn ich jetzt noch eine Brille dranmale, dann ist es ganz der Herr Burschelmann!« Da sprach hinter mir eine tiefe Stimme: »Darf ich dir meinen Filzstift dazu leihen?« Es war tatsächlich der Herr Burschelmann. Ich wollte mich schon entschuldigen, aber da geschah etwas Seltsames. Der Herr Burschelmann malte selbst die Brille auf die Witzfigur und danach lachte er, daß sein Bauch nur so wackelte.

Aber das hatte noch ein Nachspiel. In der Mathestunde tauchte plötzlich der Herr Direktor Keiler auf. Er hatte die Witzzeichnung in der Hand und fragte: »Wer war das?« Auf die Figur wurde nämlich inzwischen noch ein Schnurrbart gemalt, und jetzt sah sie aus wie der Herr Direktor persönlich. Ich wollte nicht, daß der Herr Burschelmann reinfällt, und meldete mich gleich als der Täter. Da sprach der Herr Keiler zum Herrn Burschelmann: »Na, das erledigen Sie wohl am besten selbst« und ging. Der Herr Burschelmann rief: »Ottokar, dein Tagebuch!« Ich war ganz erschrocken, denn nie hätte ich dem Herrn Burschelmann zugetraut, daß er mich dafür auch noch bestraft. Als ich dann nachschaute, hätte ich beinah ein bißchen geheult, aber ich riß mich zusammen. Nur dem Harald zeigte ich, was der Herr Burschelmann hineingeschrieben hatte, nämlich diesen Satz: »Lob und Dank für Dein kameradschaftliches Verhalten!« Harald bekam auch schon rote Augen, und so können wir sagen, daß wir schon lange nicht mehr so fröhlich waren, aber mehr nach innen. Die anderen in der Klasse freuten sich jetzt auch – aber mehr aus Schadenfreude.

Als der Tag der Wahrheit ausbrach

Eines Tages fragte mich mein Freund Harald auf dem Weg zur Schule: »Weißt du, wer ein Feind des Sozialismus ist?«

Ich schaute meinen Freund von der Seite an und fragte vorsichtig: »Wenn du denkst, ich bin von gestern, dann tust du mir leid. Vielleicht solltest du nicht so oft den Fernsehkanal wechseln.«

»Diesen Feind meine ich nicht«, sagte der Harald. »Ich meine den, den es auch bei uns noch gibt.«

Ich wunderte mich, wie der Harald bloß darauf kommt. Dabei kennt er meine Tante Anna gar nicht. Als mir kein anderer Feind mehr einfiel, hob der Harald den Zeigefinger und sprach: »Ein Feind des Sozialismus ist auch die Lüge!« Und die Lüge fängt schon morgens in der Schule an, wenn die Zuspätkommenden sich entschuldigen.

Bei unserer Diskussion haben wir gar nicht gemerkt, daß wir schon eine Station mit der Straßenbahn zu weit gefahren sind. So kamen wir fünf Minuten zu spät. Der Harald fragte mich vor der Klassentür, was wir jetzt für eine Ausrede erfinden. Ich antwortete: »Als Mensch kann ich ja deinen Bammel verstehen, aber als Pioniere müssen wir leider die Wahrheit sagen.«

Und so kam es. Unser Klassenlehrer, der Herr Burschelmann, unterbrach den Unterricht und fragte knurrig: »Na, ihr Penner? Habt ihr auch den Wecker nicht gehört, oder ist euch vielleicht zufällig die Straßenbahn weggeklaut worden?«

Ich sagte ehrlich: »Nein, Herr Burschelmann, wir haben uns über die Feinde des Sozialismus unterhalten und dabei die Zeit vergammelt.«

Nun geschah etwas sehr Seltenes. Der Herr Burschelmann sah auf einmal ziemlich alt aus und sprach zur Decke: »Sag das noch mal!« Und als ich unsere Entschuldigung wiederholte, murmelte der Herr Burschelmann, daß er schon dreißig Jahre lang Lehrer ist, aber so eine Ausrede hat er noch nicht gehört, und er wollte wissen, womit er das verdient hat.

Wir durften uns setzen, und es ist nichts weiter passiert. Wahrscheinlich hat der Herr Burschelmann den Schock so schnell nicht überwunden, den wir ihm mit der Wahrheit versetzt haben.

So entstand der Plan, einen Tag der Wahrheit einzuführen, und morgen fangen wir gleich an. Die meisten in unserer Pioniergruppe waren einverstanden. Damit sich aber jeder daran hält, haben wir ausgemacht, daß derjenige, der lügt, wie beim Pfänderspiel zur Strafe ein Kleidungsstück abgeben muß. So überlegt sich jeder, ob er weiterlügen will.

Als ich am anderen Tag, nämlich dem Tag der Wahrheit, wie immer zur Schule gehen wollte, fragte meine Mutter: »Hast du auch ein sauberes Taschentuch?« Ich antwortete: »Ja, man kann sogar noch das Muster erkennen.« Die Mutter bestand aber darauf, es vorzuzeigen, und so wurde ich das erste Pfand los.

Mein Freund Harald hatte sich ein bißchen verspätet, deshalb mußten wir bis zur Straßenbahn einen kleinen Spurt einlegen. Wir schafften es gerade noch, nur stießen wir beim Aufspringen einen zeitungslesenden Herrn leicht zur Seite. Er schaute uns verkniffen an und sprach: »Ihr habt wohl nicht mehr alle Tassen im Schrank!« Ich antwortete ehrlich: »Entschuldigen Sie, das weiß ich nicht. Aber ich kann ja nach der Schule die Tassen mal nachzählen.«

Der Mann wurde noch giftiger und rief: »Das lernt ihr wohl in der Schule?!«

Der Harald gab ihm recht und erwiderte: »Na klar, wo sollen wir sonst zählen lernen?«

Den Herrn muß diese ehrliche Antwort auch noch nicht

ganz befriedigt haben, denn er schrie zurück: »Ich möchte nicht euer Vater sein!« Worauf wir ehrlich zugaben: »Das freut uns.«

Eigentlich ist es jetzt sehr interessant geworden, weil sich auch die anderen Fahrgäste an dieser ehrlichen Unterhaltung beteiligten. Eine Frau mit Schoßhund krähte: »Das ist die Jugend von heute!«

Mein Freund Harald konnte gerade noch sagen: »Das stimmt. Denn wenn wir die Jugend von gestern wären, würden wir genau so alt aussehen wie Sie!«

Leider mußten wir schon aussteigen, und so konnten wir nur noch durch die Fenster sehen, wie unsere Wahrheitsliebe zu einer schönen Diskussion in der Straßenbahn beigetragen hat.

Als wir die Schule betraten, hatte gerade der Herr Luschmil Aufsicht. Er wurde bei unserem Anblick gleich ein bißchen dunkler. Ich flüsterte dem Harald zu: »Wenn wir jetzt dem Herrn Luschmil einen guten Morgen wünschen, dann ist das zwar höflich, aber nicht ehrlich. Und lügen wollen wir doch nicht.«

Dem Harald paßte dieser Konflikt auch nicht. Weil wir aber ohne Gruß nicht vorbeigekommen wären, einigten wir uns auf »Mahlzeit«. Der Herr Luschmil kann aber Ungenauigkeiten nicht ausstehen, und so hat er wenigstens zwei Schlawiner gefunden, die in der großen Pause Papierchen vom Schulhof aufsammeln durften.

In der Klasse waren schon die meisten da. Der lange Schücht rief gerade: »Ich hab heut noch nicht ein einziges Mal gelogen!«

»Ehrlich?« fragte ich.

»Ehrlich!« sagte er.

»Auch sonst nicht geschwindelt?«

»Ehrenwort, nein!«

»Na dann zeig mir mal deine alten Hosenknöpfe, womit du immer in der Straßenbahn bezahlst!«

Der lange Schücht zog eine Grimasse und freiwillig als Pfand seinen Pullover aus. Er hatte ja noch ein Hemd darunter.

Sonst waren alle guter Stimmung, und als der Herr Burschelmann in die Klasse kam, fragte er mich gleich, wie es kommt, daß der Harald und ich heute pünktlich sind und ob wir uns wieder über die Feinde des Sozialismus unterhalten haben? Ich sagte, heute nicht. »Heute hatten wir in der Straßenbahn das Thema Tassenzählung, unerwünschte Vaterschaft und die Jugend von heute und gestern.« Aber der Herr Burschelmann sprach diesmal ruhig: »Geht ein bißchen früher schlafen, dann gibt sich das wieder!«

Sonst verlief alles normal, nur nach der Stunde mußte die Sonja Zunder gleich beide Schuhe, die Strümpfe und die Strickjacke ausziehen, weil sie in einem Satz sogar fünfmal gelogen hat. Die Sonja sagte zum Herrn Burschelmann, sie konnte die Hausaufgaben nicht machen, weil ihr gestern fünfmal übel war.

In der nächsten Stunde hatten wir Russisch bei Frau Pitthuhn. Sie kam fröhlich in die Klasse gesprungen und rief: »Na, habt ihr auch fleißig die Vokabeln gelernt?« Fast alle schrien »Ja«, aber die meisten hielten sich gleich darauf den Mund zu. Frau Pitthuhn wunderte sich nur, warum sich plötzlich so viele auszogen. So heiß sei es doch gar nicht.

Nach der großen Pause sagten wir zum Pillenheini, er hat auf der Toilette geraucht, und man riecht es ja schon aus den Hosen. Der Pillenheini bestritt es und wollte uns seine Unterhosen zeigen. Aber die Mädchen ließen das nicht zu und meinten, es genügt, wenn er seine Brille als Pfand abgibt.

Dem Herrn Kurz fiel das in der nächsten Stunde gar nicht auf, weil er uns Jungs sowieso nicht ansieht, sondern nur die Mädchen, und ganz besonders gern die Sonja Zunder. Er fragte die Sonja, ob sie ohne Schuhe, Strümpfe und nur mit der dünnen Bluse nicht friert? Die Sonja sagte »Nein« und zog sich zusammen, worauf ich antwortete: »Nach der nächsten Pause friert sie bestimmt!«

Leider kam es zur weiteren Pfandausgabe nicht mehr, weil die brave Bärbel Patzig, die sogar mit Lügen sehr geizig ist, zum Herrn Burschelmann lief und ihm den Tumult petzte. Der Herr Burschelmann kam auch gleich angeschnauft und rief: »Wo bin ich denn hier? In der Schule oder beim Striptis? Bei euch ist wohl die Sexwelle ausgebrochen!«

Ich sagte ehrlich, weil er mich ansah: »Die Sexwelle ist nicht ausgebrochen, aber der Tag der Wahrheit!« Da sah der Herr Burschelmann plötzlich wieder genauso alt aus wie gestern. Als ich meine Antwort wiederholen mußte, nahm er den Harald beiseite und sprach leise: »Bring mal den Ottokar nach dem Unterricht vorsichtig nach Hause, ich glaube ...« Der Herr Burschelmann sprach nicht weiter, zeigte aber mit seinem schweren Finger, wo meine Krankheit liegt. So nahm der Tag der Wahrheit in der Schule ein schnelles Ende. Ich sagte nach dem Klingeln zum Harald: »Schlecht war der Tag nicht, aber anstrengend. Und es wäre vielleicht besser, wenn uns die Erwachsenen mal so einen Tag der Wahrheit vormachen.«

Der Harald antwortete: »Das stimmt, aber vielleicht ist ein Tag noch zuviel, und es genügt schon eine Stunde der Wahrheit!«

Da kam uns im Flur das Fräulein Heidenröslein entgegen. Es zwinkerte uns zu und sagte schmunzelnd: »Ein Glück, daß ich heute keine Stunde bei euch hatte. Ich wollte euch nämlich ein spaßiges Lügengedicht vorlesen.«

Schade, dachte ich. Dann hätten wir sogar die nackte Wahrheit kennengelernt.

Wie man verdienter Prozentrechner wird

Eine Schule, welche Wert darauf legt, daß man überall von ihr spricht, muß sich immer wieder was Neues ausdenken. So sprach eines Tages unser Herr Direktor Keiler bei einem Appell: Es steht nicht gut mit uns, und prozentuell gesehen hängen wir mit den sehr guten und guten Leistungen nach, und wir könnten glatt 60 Prozent schaffen, wenn wir wollten. Deshalb sollte jede Klasse einen Wettbewerb um beste Leistungen veranstalten, und bei jedem Zeugnis wird abgerechnet.

Ich dachte, na ja, da kommt es auf einen Wettbewerb mehr oder weniger nicht drauf an. Bei der Zählung von Altpapier, Lumpen und Flaschen hat unsere Klasse sowieso am besten abgeschnitten, nur im Soli-Beitrag haben wir den zweiten Platz, aber ehrlich! Denn wir haben ganz schön dafür geschuftet. Unser Wald ist fast leer vom alten Gerümpel. Trotzdem hat uns die 4a besiegt, weil die Eltern die Besten sein wollten, und die Vorsitzende vom Elternaktiv, Frau Brünnlein, treibt bei jeder Elternversammlung das Soli-Geld ein, damit sie berichten kann, wie gut die 4a ist.

Wenn wir aber jetzt einen Wettbewerb um gute Zensuren machen sollen, dann ist das vielleicht auch nicht verkehrt. Die schlechten Schüler werden sich von ganz allein verbessern, die guten werden sich danach reißen, richtige

Musterschüler zu werden, und die besten Schüler ... Eigentlich hab ich darüber noch nicht nachgedacht, was dann aus den besten Schülern wird. Und deshalb schlug ich vor, wir müssen uns in der Pioniergruppe einmal unterhalten.

Als die Versammlung stattfand, waren fast alle erschienen. Nur die faulen Säcke fehlten. Leider war unser Herr Burschelmann seit vielen Jahren das erstemal krank, und so konnte er an dieser bedeutenden Versammlung nicht teilnehmen.

Mein Freund Harald eröffnete, nachdem er zur Bärbel Patzig sagte, sie soll sprechen. Die Bärbel setzte gleich ihr braves Pioniergesicht auf und begann: »Liebe Freunde!«

Da war ich schon ein bißchen sauer. Denn in Wirklichkeit sind die meisten gar nicht ihre lieben Freunde, sondern unwürdige Pioniere und noch viel Schlimmeres. Wenn sie ehrlich gewesen wäre, hätte sie einige von uns so ansprechen müssen wie immer, zum Beispiel den Schweinesigi als Verderber des Klassendurchschnitts, den langen Schücht als faulen Lulatsch, die Sonja Zunder als doofe Angeberin und mich als Unruhestifter. Deshalb schaute sie auch bei ihrer Rede so ängstlich zu mir, und ich sah, wie sie sich die Daumen drückte. Das macht sie immer, wenn sie wünscht, daß alles gut geht.

Weil ich ihr die Angst nehmen wollte, meldete ich mich als erster. Ich sprach höflich: »Bärbel Patzig! Deine Rede war bis auf den falschen Anfang nicht schlecht, und ich bin auch dafür, daß wir uns zusammenreißen. Schon die ersten Menschen waren Sammler und Jäger, und es kann nicht schaden, wenn wir im Wettbewerb Pluspunkte sammeln und nach guten Zensuren jagen. Der Schweinesigi wird dann bestimmt davon abkommen, seine eigene Rechtschreibung weiterzumachen. Die Wally singt nicht mehr falsch, und die dicke Mia frißt nur noch die Hälfte, damit sie in Sport von der Fünf auf eine Eins runterklettert. Vielleicht kann man den besten Schülern auch einen Titel verpassen, sagen wir als Meister des Lernens oder als Keiler-Schüler, mit einem Foto vom Herrn Direktor, oder als Bienchen-Aktivist, damit sich die kleinen Scheißerchen aus der Unterstufe auch anstrengen. Die Großen aus der Zehnten könnten den goldenen Schulkranz für schöne Reden verliehen bekommen und so was. Wenn wir den Wettbewerb in der Zensurenproduktion richtig durchführen, dann kann der Herr Direktor Keiler befördert werden, vielleicht zum verdienten Prozentrechner des Volkes wegen vorbildlicher Zensurendurchschnitte!«

Aber mehr durfte ich leider nicht sagen, weil mein Freund Harald aufsprang und rief, ich soll nicht so blöd quatschen, denn das ist eine ernste Sache. Und wenn ich etwas gegen den Wettbewerb habe, dann habe ich auch etwas gegen die Arbeiter, die schon lange im Wettbewerb stehen.

In der Klasse redeten jetzt alle durcheinander, und die Bärbel fragte mich ganz ernst, ob ich auf den Harald nicht antworten möchte. Ich entgegnete: »Na ja, die Arbeiter und Genossenschaftsbauern haben es vielleicht ein bißchen leichter als wir. Die zählen ihre Broiler oder Eier oder abgeschliffenen Stangen oder so was, wogegen wir Zensuren zusammenzählen müssen, und das ist schwerer. Sogar für die Lehrer. Und der Harald soll mir bitte einmal sagen, ob es leicht ist, sich auszurechnen, aus wieviel Prozent eine Lehrerpersönlichkeit besteht? Und weil wir gerade erst mit der Prozentrechnung angefangen haben und der Herr Burschelmann krank ist, möchte ich bloß mal auf diese Schwierigkeit hinweisen. Deshalb muß man mir nicht gleich vorwerfen, daß ich gegen die Arbeiter bin, im Gegenteil.«

Nach meiner Rede wollte keiner mehr sprechen, und die meisten sagten, wir warten ab, bis der Herr Burschelmann wieder da ist. Und so hab ich wieder einmal eine Versammlung geschmissen, was ich eigentlich gar nicht wollte.

Ich dachte, damit ist der Wettbewerb um gute Zensuren erledigt. Aber in unserer Klasse gibt es auch Petzer, die meine Diskussionsrede weitermeldeten, und so bekam ich eine Einladung zum Empfang beim Herrn Direktor Keiler.

Der Herr Direktor ließ mich sogar setzen wie einen Vater, bloß eine Zigarette hat er mir nicht angeboten. Ich hätte sie sowieso nicht geraucht. Erst walkte der Herr Direktor seine Finger. Als sie geschmeidig genug waren, tippte er mich an und fragte, ob ich vielleicht gegen gutes Lernen bin. Ich sagte nein. Dann fragte er mich, wie es mit meinen Leistungen steht. Dabei schaute er in unser Klassenbuch. Ich antwortete, mal so und mal so, aber so schlecht bin ich nicht. Der Herr Direktor wollte jetzt wissen, ob ich mich verbessern kann. Ich sagte, verbessern schon, aber auch verschlechtern, zum Beispiel in Mathe, weil der Herr Burschelmann krank ist und ich die Prozentrechnung nicht ganz kapiere. Der Herr Direktor schaute mich jetzt wie eine Giftschlange an und sprach: »So!« Er walkte wieder seine Finger und fragte dann, wie es mit mir und überhaupt weitergehen soll.

Es war das erstemal in meinem Leben, daß mich ein Lehrer und sogar ein Direktor um einen Rat fragte, und da bekam ich noch mehr Lust, ihm zu helfen. So antwortete ich ehrlich: »Ich weiß schon wie. Wir werden einen Mathezirkel gründen, und solange der Herr Burschelmann krank ist, üben wir die Prozentrechnung, bis sie sitzt.«

Der Herr Direktor blitzte jetzt mit den Augen und nickte mir freundlich zu, damit ich weiterrede.

»Wenn wir die Prozentrechnung beherrschen«, sagte ich, »dann können wir leichter alles mögliche ausrechnen, zum Beispiel aus wieviel Prozent Sauerstoff, Stickstoff, Kohlendioxyd und anderen Gasen unsere Schulluft besteht.«

Der Herr Direktor nickte noch mehr und sah jetzt wie ein guter Onkel aus.

»Weiter«, sprach ich, »könnten wir berechnen, wieviel Prozent an der Schulspeisung, an den Arbeitsgemeinschaften, an der Steigerung der Senkung der Bummelei und überhaupt am Wettbewerb teilnehmen.«

Der Herr Direktor legte sein stacheliges Kinn in die Hand und kam mit dem Gesicht noch näher, und er meinte: »Na, bitte, dann verstehen wir uns doch.«

Da hatte ich überhaupt keinen Bammel mehr und ergänzte: »Mit der Prozentrechnung könnten wir dann auch ganz leicht berechnen, aus wieviel Prozent Fleiß, Faulheit, Dummheit, Grips, gutem Willen und anderen Eigenschaften eine Schülerpersönlichkeit besteht. Daraus berechnet man mit den Zensuren zusammen den Durchschnitt, und gleich weiß jeder Lehrer bloß vom Hingucken, ob er einen Elternbrief schreiben muß oder nicht.«

Der Herr Direktor fing jetzt wieder an zu walken und sprach ganz kurz: »Geh in deine Klasse!« Aber es klang nicht böse, nur ein bißchen ärgerlich.

Seit diesem Ereignis sind vier Wochen vergangen, und niemand hat mehr von dem Zensurenwettbewerb gesprochen. Ich kann mir schon denken, warum. Unser Herr Direktor Keiler ist kein Mathe-Lehrer und deshalb vielleicht auch ein bißchen schwach in der Prozentrechnung. Und da dachte er sich wohl: Es ist besser, nicht wieder vom Wettbewerb anzufangen; denn nichts ist schlimmer, als wenn sich ein Lehrer bei der Prozentrechnung blamiert.

Was ist eine allseitig gebildete Persönlichkeit?

Eine Neuheit in unserem Schulleben war auch, daß sogar unser Herr Direktor Keiler für den kranken Herrn Kurz einmal eingesprungen ist. Er kam in unsere lärmende Klasse geschritten und hielt eine kleine Rede über die Disziplin. Als sie gefruchtet hatte und er nicht genau wußte, was in Deutsch dran ist, sage er, daß er sich mit uns einmal über die Zukunft unterhalten möchte.

Zuerst ließ sich der Herr Direktor Keiler von uns ausrechnen, wie alt wir im Jahre 2000 sind. Wir rechneten und rechneten. Der Pillenheini meldete sich zuerst und sagte, er ist dann über 2000 Jahre alt. Der Herr Direktor zog ein schmerzliches Gesicht, und wir wußten, daß wir weiterrechnen müssen. Nach einer Weile hatten wir es raus, und der Herr Direktor meinte, das ist gerade das richtige Männeralter. Er sprach jetzt wie ein Professor zu uns und über die Perspektiven und über elektrische Datumsverarbeitung und Sojus und die Multiinspektorenkamera, über die Forschung und ihre Komplexe und andere schwierige Wörter, und wir sollten sagen, was wir dazu denken. Als wir nicht viel darüber gedacht haben, erzählte der Herr Direktor weiter, wieviel Kompjuter auf uns zukommen und wie es einmal in unserer LPG aussehen wird, nämlich sauberer. Und im Kuhstall drehen sich Karussells, und die Milch läuft durch eine Peiplein in die Molkerei.

Ich meldete mich und sagte, das Wort Peiplein kenne ich. Es kommt von Pipeline und heißt auf deutsch Erdölleitung, aber ich kann mir nicht denken, daß die Milch besser wird, wenn man sie mit dem Erdöl vermanscht, vielleicht der Käse. Und es wäre besser, wenn man die Milch nicht in eine Peiplein, sondern in eine Milchlein fließen läßt. Unser Herr Direktor Keiler schaute jetzt ein bißchen geradeaus wie von einem Denkmal und erwiderte, ich soll nicht über Dinge reden, die ich noch nicht kapiere, sondern lieber fragen. Und weil die Stunde sowieso gleich um war, hängte er ein paar Sätze über die Bedeutung der Rolle des Lernens dran, und wir sollen allseitig gebildete Persönlichkeiten werden. Wir sagten: Immer bereit!, und unser Herr Direktor war entlassen.

Auf dem Nachhauseweg fragte ich meinen Freund Harald, ob er weiß, was eine allseitig gebildete Persönlichkeit ist. Er sagte, daß sein Vater als Schulrat auch dauernd mit solchen Sätzen herumschmeißt, und es handelt sich vielleicht um eine schöne Person, bei der alle Seiten gut gebildet sind, vorne und hinten und überhaupt. Ich sagte, wenn man das so sieht, dann trifft das an unserer Schule nur auf unser Fräulein Heidenröslein zu, wogegen der Herr Burschelmann mit seinem Bauch mehr eine einseitig gebildete Persönlichkeit darstellt. Mein Freund Harald antwortete, es wird schon so sein, und er kann ja noch einmal seinen Vater fragen. Auch ich fragte meinen Vater. Er schaute mich kränklich an und wollte wissen, ob ich noch mehr so blöde Fragen habe. Als aber meine Mutter meinte, das ist keine Antwort für das Kind, riß sich mein Vater zusammen und erklärte: »Allseitig wirst du, wenn du in allen Fächern gut lernst. Wenn aber deine Drei in Musik nicht verschwindet, wirst du mich noch kennenlernen, und zwar von einer anderen Seite!« Daraus kann man entnehmen, daß mein Vater irgendwo noch ein paar Reserveseiten hat. Wahrscheinlich zählt er auch zu den allseitigen Personen.

Meine Mutter entgegnete: Das ist noch nicht alles. Und ich soll doch einmal an den Onkel Hermann denken. Der Onkel Hermann kann anfassen, was er will, er kriegt alles wieder hin: die kaputte Regenrinne, die Jauchepumpe, auch Lichtleitungen, und er kann mauern und tischlern und Wasserleitungen reparieren. Einmal war sogar Herr Direktor Keiler bei ihm und ließ sich seinen tropfenden Hahn reparieren. Auch das ist eine allseitige Person, und man kann sich gar nicht ausdenken, was der Onkel Hermann noch reparieren würde, wenn er eine Oberschule besucht hätte.

Am nächsten Tag erzählte ich meinem Freund Harald, daß ich jetzt schon ziemlich gut weiß, was eine allseitig gebildete Persönlichkeit ist. Sie darf in Musik keine Drei haben und muß so was wie ein Feierabendbrigadier sein. Mein Freund Harald sagte, sein Vater hat ihn auch aufgeklärt, indem er sprach: »Man muß nicht nur lernen und sitzen, sondern auch arbeiten, zum Beispiel gesellschaftlich-nützlich und produktiv im polytechnischen Unterricht.« Ich sagte, wenn es weiter nichts ist, dann sind wir bald soweit. Unser Herr Pankraz bringt uns schon allerhand nützliche Sachen bei, zum Beispiel das Feilen und Löcherbohren. Das ist wichtig für die Kompjuter und die Weltraumfahrt und überhaupt.

Weil unser Pionierleiter Alfons gerade des Wegs kam, stellten wir ihm auch diese Frage. Er hat sie ziemlich schnell verstanden und rief: »Eine allseitige Persönlichkeit ist eine sozialistische, und wenn ihr im Jahre 2000 noch leben wollt, dann kann es passieren, daß ihr heute in dieser Werkabteilung arbeiten müßt und morgen in einer anderen und übermorgen vielleicht ganz woanders!« Und man nennt das Dissionobilität oder so. Das hat auch schon Karl Marx gesagt. Ich sagte nachher zu meinem Freund Harald: »Wenn es so ist, müssen wir uns vielleicht sogar an dem Gammelkonny ein Beispiel nehmen. Denn der Gammelkonny arbeitete auch erst beim Gärtner Krause, danach beim Straßenbau, danach als Schaffner bei einem Jahrmarktkarussell, dann als Kellner in der feuchten Grotte und manchmal auch gar nicht.« Mein Freund Harald sprach, daß der Gammelkonny jetzt sitzt, weil er ein Ding gedreht hat. Ich antwortete dem Harald: Man sollte gar nicht glauben, was eine allseitig gebildete Persönlichkeit alles können muß.

Als wir Mathematik bei unserem Herrn Burschelmann hatten, fragte ihn der Harald ebenfalls danach. Herr Burschelmann sprach: »Wenn du in Mathematik weiter pennst, wird aus dir nie eine. Das ganze Leben besteht aus Mathematik, und du kannst gleich mal an die Tafel kommen.« Als sich der Harald wieder setzen durfte, sagte der Herr Burschelmann: »Das war keine allseitige Leistung.« Daraus kann man lernen, daß man schwierige Fragen lieber nicht am frühen Morgen stellt, wenn unsere Lehrer noch sehr frisch sind, sondern später.

Deshalb fragte ich unseren Herrn Luschmil erst in der letzten Stunde, ob er uns eine allseitige Persönlichkeit beschreiben kann. Der Herr Luschmil schaute mich verkniffen an und antwortete ganz ruhig, daß er mich schon lange durchschaut, und er läßt sich von mir nicht ablenken. Er zückte seinen Stift und schrieb für mich eine Widmung ins Klassenbuch. Sie lautete: »Ottokar Domma stört durch unzutreffende Bemerkungen.« Darüber habe ich mich sehr geärgert und strich deshalb nach der Stunde bei dem Wort unzutreffend das »un« durch.

Heute sehe ich selbstkritisch ein, daß ich das nicht hätte tun dürfen. Denn am nächsten Tag zeigten sich die Lehrer gegenseitig das Klassenbuch und sagten zu mir, das gibt ein Nachspiel. Bloß unser Fräulein Heidenröslein zuckte dauernd um den Mund herum und erwiderte, beim nächsten Pioniernachmittag wird sie versuchen, uns zu erklären, was unter einer allseitig gebildeten Persönlichkeit zu verstehen ist. Ich sagte zu meinem Freund Harald: Das hat man davon, wenn man alles ganz genau wissen will. Der Harald antwortete: »Mach dir nichts draus. Eine allseitig gebildete Schülerpersönlichkeit kann bei uns trotzdem noch ein guter Facharbeiter und vielleicht sogar Lehrer und Künstler werden.«

Die Beschreibung unserer Titelkampfbrigade

In unserer Schule legt man auch großen Wert auf schöne Aufsätze. Einmal sollten wir uns mit dem Thema »Unsere Patenbrigade« befassen. Und wer den schönsten Aufsatz dazu schreibt, soll ausgezeichnet und ins Brigadetagebuch geklebt werden.

Eigentlich kann ich solche Wettbewerbe nicht ausstehen, weil schöne Aufsätze meistens langweilig sind, und ich weiß dann sowieso schon vorneweg, wer Sieger ist, wahrscheinlich die brave Bärbel Patzig. Außerdem schreiben bei solchen Themen oft die Eltern mit, damit das Kind hervorsticht, und man merkt gleich, welcher Vater eine Parteischule besucht hat.

Bei der Auswahl des besten Aufsatzes reden auch die Lehrer mit, und die denken wieder ganz verschieden. Der Herr Kurz zum Beispiel liebt dichterische Sätze mit vornehmen Ausdrücken und Fremdwörtern. Der Herr Direktor Keiler lobt solche Aufsätze, die wie in einem Rechenschaftsbericht viele Aufzählungen und Losungen enthalten. Das Fräulein Heidenröslein hat es gern, wenn wir so schreiben, wie wir wirklich denken, aber höflich. Und dem

Herrn Burschelmann wird schlecht, wenn er lange Predigten lesen muß, und er sagt dazu meistens: »Da hast du dich wieder mal ausgequetscht wie ein preisgekröntes Huhn. Aber rausgekommen ist ein Windei.«

Um es jedem recht zu machen, habe ich mir diesmal besondere Mühe gegeben, den Aufsatz so zu schreiben, daß keiner was auszusetzen hat, und ich achtete darauf, daß er dichterisch, wissenschaftlich, ehrlich und kein Windei ist. Er ging so:

Unsere Patenbrigade

Unsere Patenbrigade hat das Licht der Welt im Landbaukombinat erblickt und heißt Brigade »Werner Seelenbinder«. Die Brigademitglieder ringen aber nicht um Olympiadegold, sondern um eine hohe Planerfüllung. Denn wie wir heute arbeiten, so werden wir morgen leben. So gelang es der Patenbrigade, im letzten Vierteljahr für uns einen neuen Schweinestall zu bauen. Auch wurde der Saal der »Feuchten Grotte« vergrößert, damit bei Festen die eifersüchtigen Männer und andere Streithammel mehr Platz zum Prügeln haben. Bei einigen Häusern konnten auch Garagen eingeweiht werden nach dem Sprichwort: »Wer gut fährt, der gut schmiert.« Wenn das Bautempo so weitergeht, können unsere Lehrer damit rechnen, daß sie in zwanzig Jahren auch eine moderne Wohnung oder vielleicht sogar ein Eigenheim bekommen. Aber bis dahin gilt die Losung: Spare mit jeder Stunde, jeder Mark und jedem Zentner Zement und vor allem mit Holz; denn das wird für die Datschen gebraucht.

Der Vorsitzende unserer Patenbrigade heißt Herr Oswald Ruck, und die anderen Brigademitglieder haben auch einen Namen. Sie bilden zusammen ein Kollektiv. Das Kollektiv ist wissenschaftlich gesehen eine Ansammlung von Arbeitskräften, welche trotz allerhand Tätigkeiten und Streitigkeiten ihre Blicke auf die sonnige Zukunft und die Jahresendprämie richten. Dabei müssen die Kollektivmitglieder manchmal auch schlechtes Wetter über sich ergehen lassen, zum Beispiel, wenn sie den Tagesplan mit 1,5 Promille übererfüllt haben und ihren Gattinnen erzählen: Wir hatten eine wichtige Brigadeversammlung. Aber die Gattinnen fallen nicht mehr darauf herein.

In den Brigadeversammlungen bespricht man viele Fragen, sagen wir über die Steigerung der Produktion, die Senkung der Unfälle oder über die Verbreitung der Kultur und auch über die Verengung der Patenschaftsbeziehungen.

Über die Produktion weiß unsere Patenbrigade am besten Bescheid; denn die Mutter meines Freundes Harald arbeitet dort als Buchhalterin und Sanitäterin und sagt, ihre Zukunft ist gesichert. In der Kultur kennt sich der Klubhausleiter am besten aus, und er spricht: Ein Glück, daß es noch Jugendliche und Rentner gibt, für die er wenigstens ein paar Diskoveranstaltungen organisieren kann. Über die Verengung der Patenschaftsbeziehungen wissen wir Pioniere am besten Bescheid, und das geht so vor sich:

Zuerst wurde ein Patenschaftsvertrag abgeschlossen. Das ist ein beschriebenes Blatt Papier, auf welchem die Patenbrigade verspricht, wie gut sie sein will; denn das gehört zum Titelkampf. Das traf auch auf unsere Patenbrigade zu.

Sie hat in diesem Schuljahr folgendes mit uns veranstaltet: Verlesung des Patenschaftsvertrages nebst Händereichung. Erscheinung von zwei Brigademitgliedern bei unserer Gruppenratswahl nebst Entschuldigung des Brigadiers. Einladung der Brigade zwecks Beglückwünschung zum Pioniergeburtstag. Dabei Übergabe eines Bildes von Werner Seelenbinder nebst Handreichung. Brigadeweihnachtsfeier mit der Losung: »Nun langt mal tüchtig zu!« Zeugnisverteilung mit Händereichung durch ein Brigademitglied. Dazu die Texte: »Das ist gut!« oder »Du mußt noch besser werden!« oder »Reiß dich mal zusammen!« Erscheinung eines Brigademitgliedes beim Frauentag zwecks Überreichung eines Blumenstraußes nebst der rechten Hand an unser Fräulein Heidenröslein. Teilnahme eines Brigademitgliedes bei einem Elternabend, wobei wir sangen und spielten und Grüße vom Brigadier bestellt wurden. Einladung von der Brigade zum 1. Mai zwecks Grußbotschaft mit Handreichung, wobei auch der Herr Brigadier Ruck anwesend war. Denn er konnte stolz verkünden, daß die Brigade jetzt den Titel hat.

So kann man sagen, es ist eine ganz schöne Bilanz, und wir können bestimmt damit rechnen, daß wir zum Schulabschluß wenigstens ein Telegramm bekommen mit der Grußbotschaft: »Wir wünschen euch frohe Ferien!«

Als die Aufsätze ausgewertet wurden, war meiner angeblich einer der schlechtesten. Denn der Herr Kurz schrieb dazu: »Dein Stil ist skandalös! Die Häufung von Substantivierungen ist geradezu eine Verunglimpfung der Sprache!« Der Herr Direktor Keiler warf mir vor: »Kritische Äußerungen stehen Dir als Schüler nicht zu! Mit den zitierten Losungen bin ich zum Teil einverstanden, aber wo ist die Quellenangabe?« Das Fräulein Heidenröslein schrieb darunter: »Ottokar, mußt Du immer ins Fettnäpfchen treten?« Nur der Herr Burschelmann hat sich nicht verewigt. Er nahm mir einfach meinen Aufsatz weg und knurrte über seine breite Schulter: »Wenn du so weitermachst, wirst du bestimmt noch Diplomat.«

Ich dachte, na ja, muß ich mich eben wieder auf ein Nachspiel gefaßt machen. Und dieses traf zwei Tage später ein. Plötzlich ging in der letzten Stunde die Tür auf, und hereingeschritten kamen unser Herr Direktor Keiler und der Herr Brigadier Ruck. Der Herr Keiler hob den Kopf und rief meinen Namen, und als ich aufstand, kam der Herr Ruck gleich zu mir und sprach: »Du bist das also? Ich danke dir für deinen Aufsatz. Wir haben ihn ins Brigadetagebuch aufgenommen und zwei Stunden darüber diskutiert. Jetzt wird es anders mit uns.« Und der Herr Ruck reichte mir sogar persönlich die Hand, während sich der Herr Direktor Keiler den Schweiß abwischte.

Wofür der Wald so herhalten muß

Manchmal schreiben wir auch Aufsätze, wo wir unser Wissen nachweisen müssen. Zum Beispiel in Biologie. Ein Thema hieß: Die Nützlichkeit des Waldes. Mein Aufsatz lautete:

Der Wald gehört zu den ältesten Naturerscheinungen der Erde. Wo er wild wächst, nennt man ihn Urwald. In Amerika und anderen Ländern hat man früher zuviel Wald abgeholzt, danach wehte der Wind darüber weg, und die Bauern – oder auch Farmer genannt – versandeten langsam. So entstanden die Tramps und andere arme Menschen. Wenn die Menschengeschlechter um einen Wald herum Schilder stellen, so handelt es sich entweder um ein militärisches Gelände oder um ein Naturschutzgebiet. Dieses darf zwar von Menschen betreten werden, aber auf eigene Gefahr. Einmal kam ich mit meinem Freund Harald in solch ein Naturschutzgebiet. Es war schön still, und man hörte keine Kofferheulen, nicht einmal ein Trabant kam des Wegs. Als wir eine kleine Lichtung erreichten, sprangen plötzlich zwei Frauen auf und bedeckten sich. Ich sagte nachher zu meinem Freund Harald, das ist sehr interessant, und jetzt weiß ich auch, woher der Ausdruck »jungfräuliche oder unberührte Natur« kommt. Der Harald meinte, das kann schon sein, aber die eine Frau war ein Mann, und man muß sich wegen der langen Haare nicht täuschen.

Wenn das Menschengeschlecht in der unberührten Natur schon rumgeholzt hat, spricht man von einem Forst oder auch Kulturwald. Dieser Wald hat für unsere Entwicklung eine große Bedeutung; denn er gibt uns Holz. Aus Holz kann man so ziemlich alles herstellen: Bauholz, Streichholz, Holzpantinen, Holzhämmer, Holzkohle, und wenn man das Holz noch weiter verarbeitet, so entstehen daraus wieder neue Dinge, wie zum Beispiel Papier oder Zellulose oder Lichtenberger Wodka vielleicht. Man kann sich das gar nicht alles ausdenken. Nehmen wir einmal die Säfte des Waldes, sagen wir eines Birkenwaldes. Aus ihnen entstehen Haarwuchsmittel, und mein Vater schilderte unserer Tante Anna, wieso der Wald der Anfang von schlechten Gewohnheiten ist.

Die Tante Anna hat nämlich die Gewohnheit, dauernd Tabletten zu fressen. Man kann das schon gar nicht mehr ansehen, wie sie danach geifert. Da sprach der Vater: »Weißt du auch, woher die Tabletten kommen?« Sie wußte es nicht. Der Vater erzählte: »Der Mensch reibt sich mit Birkenwasser ein, damit die Haare schön wachsen. Der Frisör schneidet die Zotteln ab. Sie kommen vom Fußboden in einen Sack, vom Sack in eine chemische Fabrik, dort in einen Kessel, wo sie zu einem dicken Brei gekocht werden. Der Brei wird weiter gekocht und vermischt, bis ein Saft übrigbleibt, und aus diesem Saft werden deine dämlichen Schlaftabletten hergestellt. Guten Appetit.«

Es kann sein, daß mein Vater diesen Vorgang nicht ganz wissenschaftlich dargestellt hat, aber es reichte auch so. Der Tante Anna ist ganz übel geworden, sie nahm von jetzt ab keine Tabletten mehr, und so trug der Vater durch sein Waldverarbeitungswissen dazu bei, daß die Menschen gesund bleiben und nicht soviel Geld für Tabletten rausgeschmissen wird. Von dem gesparten Geld kann man etwas bauen oder was anderes einführen oder einen Waldschutzgürtel gegen die Verwüstung anpflanzen. Wenn es ein Birkenwald ist, so läßt sich daraus Haarwasser herstellen, dieses beschleunigt das Wachstum der Haare, sie werden geschnitten, kommen in einen Sack ... ach, das hatten wir ja schon.

Der Wald hat aber auch eine große Bedeutung für die Entwicklung der Kunst. Zum Beispiel der Holzschnitzkunst. Man kann diese Kunst in alten Kirchen und Museen beobachten, auch in manchen Geschäften. Von diesem Holzkunstgewerbe leben viele Menschen. Die Schnitzkunst ist darum sehr verbreitet. So erfährt zum Beispiel die Menschheit, daß ein Herr A. A. mit einem Fräulein O. W. unter einem Baum sich sehr geliebt haben, indem sie sich dort einritzten. Das ist eigentlich keine Kunst, sondern eine Unsitte. Verheiratete dagegen schnitzen nicht mehr solche Sachen, weil sie gemerkt haben, es kommt nichts Gutes dabei heraus.

Der Wald beflügelt auch die Maler, indem sie ihn malen, und zwar verschieden. Einmal hatten wir eine Galerie besucht, da sahen wir einen roten Wald, aber ganz eckig und komisch, und dazwischen waren verschiedene große Augen zerstreut, und aus den Wurzeln krochen auch Augen. Darunter stand: Der Waldhüter. Ich fragte den Herrn Galeristen, was das ist. Er antwortete, der Herr Künstler sieht ihn eben so, und es ist ein modernes Gemälde.

Als wir später in der Schule auch einen Wald malen mußten, nannte ich mein Bild »Der Zauberwald«. Unser Fräulein Heidenröslein fragte, was das für ein Blödsinn ist, und seit wann wachsen im Wald alte Sofas, Bettgestelle, Toilettenbecken, Kinderwagen ohne Räder, und ich soll ihr einmal erklären, wieso an den Zweigen Fahrraddecken, zerrissene Unterhosen, Matratzen, Sprungfedern und sogar Nachttöpfe hängen. Ich antwortete, das seh ich so, und es ist ein modernes Gegenwartsgemälde. Nachher hat das Fräulein Heidenröslein es kapiert, und ich soll wenigstens noch ein Transparent malen mit der Aufschrift: »Schöner unsere Städte, Gemeinden und Wälder – mach mit!« Dieses Gemälde kam aber nicht zur Galerie der Freundschaft, weil unser Herr Pionierleiter Alfons sprach: »So sieht der sozialistische Waldrealismus nicht aus.«

Sehr gern beschreiben auch die Dichter den Wald, und die Sänger besingen ihn. Meine Urgroßmutter singt gerne das Lied vom Rehlein. Es stand am Waldessaum und lief vor ihre Büchse, bis daß der Jäger kam und sie zerknallte. Meine Oma dagegen fragt manchmal singend, wer den schönen Wald so hoch gebaut hat. Sie singt und singt und kommt doch nicht darauf. Hier zeigt sich, daß sie noch keine zehnklassige polytechnische Oberschulbildung besitzt. Meine Mutter ist schon etwas schlauer und besingt einen Weg auf den Höhen, den sie angeblich dauernd entlanggegangen ist, wogegen mein Vater, wenn er einen Kleinen sitzen hat, manchmal brüllt, daß er im Wald eine Lust bekommt und seine einsame Brust schlägt. Aber das glaubt ihm sowieso keiner, nicht einmal meine Mutter.

Der Wald gibt uns aber auch Beeren, Pilze und andere Eindrücke. Einmal habe ich mich mit meinem Freund Harald bald verlaufen. Erst als wir immer öfter stinkige Haufen liegen sahen, wußten wir, hier ist ein Campingplatz in der Nähe. So war es auch, und darum ist der Wald für viele Menschen nützlich.

Als wir den Aufsatz zurückbekamen, war ich der einzige ohne Zensur. Das Fräulein Bella Kohl schrieb darunter: »Ich gebe Dir Gelegenheit, die Arbeit zu wiederholen!« Warum nicht, dachte ich, gute Stücke werden im Fernsehen auch wiederholt, und wenn das Fräulein Bella Kohl den Wunsch hat, diesen Aufsatz noch einmal zu lesen, dann schreib ich ihn eben noch einmal ab. Das macht mir gar nichts aus.

Der Kommandant hat mir gefallen

Neben dem Unterricht nimmt das Pionierleben einen bedeutenden Platz ein. Wir haben uns dafür extra ein Gruppentagebuch angelegt, und dort schreiben wir alles hinein, was so passiert, zum Beispiel Sammelaktionen oder Pioniernachmittage oder Exkursionen oder Feierstunden oder ein Besuch vom Kreispionierleiter und andere seltene Ereignisse. Wer darin blättert, weiß gleich, wie gut wir sind. Die schlechten Eigenschaften und Vorkommnisse stehen nicht drin, aber die kennen unsere Lehrer ja sowieso, und dafür ist auch das Klassenbuch zuständig. Das Gruppentagebuch ist besonders geeignet für Zeitungsreporter und andere Personen, die schöne Beispiele suchen, das Klassenbuch dagegen mehr für Lehrerkonferenzen und zur Überzeugung der Eltern, die nicht glauben wollen, wieviel Tadel, Fünfen und Vieren ihr liebes Kind hat.

Was man aus solch einer Eintragung im Gruppentagebuch machen kann, will ich hier einmal allseitig demonstrieren. Die Eintragung lautet:

10. April
Zu unserem Pioniernachmittag kam der Herr Schiller und erzählte uns von der Vergangenheit des Dorfes und seiner persönlichen Rolle. Der Herr Schiller war erst Gutsarbeiter und als solcher ausgebeutet, denn das Gut gehörte einem Großgrundbesitzer. Als die Rote Armee kam, wurde es anders, und eine neue Zeit brach an. Der Herr Schiller schilderte jetzt, wie er Bürgermeister wurde und ein Freund der Sowjetunion. Und er ermahnte uns, immer gut zu lernen.

Wir beschlossen, eine Arbeitsgemeinschaft Junge Historiker zu gründen. Zum Schluß sangen wir die erste Strophe. Die Pioniere stimmten dem einstimmig zu.

Klaus Bicber, Protokollführer

Gegen diese Eintragung kann man fast nichts sagen, weil sie so schön kurz ist. Aber ich dachte mir, als ein junger Historiker muß man vielleicht ein bißchen genauer aufschreiben, was sich zutrug, und ich schlug es vor. Unser Pionierleiter Alfons freute sich sehr, und so wurde ich gleich Vorsitzender. Mein Bericht ging so:

Überschrift: Als unser Dorf befreit wurde
Eines Tages kam zu unserem Pioniernachmittag der Herr Karl Schiller. Er ist Rentner und der Opa von unserem Schweinesigi. Es war gar nicht so einfach, ihn zu überreden. Erst gaben wir Schweinesigi den Auftrag, aber der hat es nicht geschafft. Sein Opa meinte, er hat keine Oberschule besucht und kann nicht reden. Und wir sollen uns an den Vorsitzenden der KAP wenden, der hat studiert. Aber der Vorsitzende der KAP sagte, er war damals noch ein Kind, und es ist besser, wenn der Opa Schiller das macht. Den kennt hier jedes Kind und Rind und seine revolutionäre Entwicklung. Jetzt schrieben wir an Opa Schiller einen

Brief, indem wir ihn als Revolutionär ansprachen und zu uns einluden. Da zeigte sich, daß eine schriftliche Einladung mehr zieht als eine mündliche, und er kam wirklich.

Schweinesigis Opa hat nicht schlecht gesprochen, im Gegenteil, sogar ziemlich lustig. Er erzählte erst vom alten Gutsbesitzer und seiner Frau. Opa Schiller meinte, sie war ein schönes Weibsbild und roch gut. Auch in den Reithosen. Wenn bei ihr junge Männer waren, sagen wir Offiziere, dann zog sie es vor, mit ihnen zu reiten, während ihr Gatte sich lieber besoff. Auch hatte die gnädige Frau Gräfin zwei Söhne. Der eine war schon Offizier beim Kriegsministerium, und der andere war auch nicht ganz richtig im Kopf. Der Gutsbesitzer war im Gegensatz zu seiner vornehmen Gattin ziemlich grob. Wenn er zu den Landarbeitern sprach, nannte er sie Leute, und er kannte auch viele Ausdrücke. Manchen gefiel das, und sie sagten, er ist ein Mann des Volkes. Aber der Mann des Volkes war in Wirklichkeit ein elender Schinder.

Als zum Beispiel bei Opas Frau wieder was unterwegs war, passierte folgendes. Opas Frau befand sich bei der Heuernte. Plötzlich hielt sie sich den Bauch und sagte zu ihrem Mann, es geht los. Da spannte der Herr Schiller die Pferde ein und fuhr mit ihr nach Hause. Doch unterwegs kam schon Schweinesigis Vater zur Welt. Er war kräftig und gesund und schrie wie einer, der aufgespießt ist, hatte aber noch keinen Schnurrbart wie heute. Das hörte der vorbeireitende Gutsherr. Er schrie dem Opa zu, er soll seinen Balg nach Hause bringen und dann dalli wieder zurück aufs Feld. Denn er zahlt nichts fürs Kinderkriegen. Und er wird ihm wegen der ausgefallenen Zeit Lohn abziehen; und als er weiterritt, schrie er: »Ordnung muß sein!«

Die neue Zeit, so erzählte dann der Opa, kam erst mit der Roten Armee. Die Gutsbesitzerfamilie türmte mit zwei vollen Lastautos, aber alles konnte sie nicht wegschaffen. Das haben dann einige Bauern getan. Weil der Opa und andere ehrlich waren, kamen sie zu kurz. Erst als die Rote Armee einrückte, hörten die Plünderungen auf. Die Rote Armee bestand aus einem Kommandanten und drei Soldaten mit Maschinenpistolen.

Der Kommandant fragte zuerst nach dem Starosti, und als sich keiner meldete, schnappte er Opa Schiller und ging mit ihm durch das Schloß. Alles sah verwüstet aus. Der Kommandant runzelte die Stirn und schimpfte auf russisch. Als er aber ins Badezimmer kam, lachte er wieder und freute sich über das schöne Becken aus Marmor. Er ließ Wasser rein, zog seine Uniform aus und befahl dem Opa, das gleiche zu tun. Der Opa tat es, denn der Kommandant hatte eine Pistole. Diese hängte er an einen Haken, und so konnte sich der Herr Schiller ohne Gefahr auch ins große Becken setzen. Der Offizier planschte und prustete und rief immer: »Du jetzt Graf!« Und der Opa sagte: »Zu Befehl!« Dann mußte der Graf Schiller dem Offizier mit einer Bürste den Buckel richtig scheuern, bis er rot war. So wurde der Opa Bürgermeister.

Zuerst hatte der Kommandant die Menschen, Kühe, Schweine und Pferde zählen lassen, und der Opa mußte dafür sorgen, daß sich alle auf dem Gutshof versammeln. Der Kommandant stieg auf einen Wagen und rief: »Chitler kaputt, Graf kaputt, du jetzt alle Graf!« Aber die neuen Grafen haben das falsch verstanden und nahmen sich Schweine, Pferde und Kühe mit und holten aus dem Silo Getreide. Als der Kommandant das merkte, rief er wieder alle zusammen, und er war ganz böse. Weil die neuen Grafen rumbrabbelten, schoß er mit seiner Pistole vorsichtshalber in die Luft. Dann rief der Kommandant: »Aales bleibt chier. Erst säen, verstehn? Dann Brot für aale und

Milch für Kinder, verstehn?« Und er hatte sogar einen richtigen deutschen Satz gelernt, der hieß: »Ordnung muß sein!« Das haben auch die neuen Grafen kapiert.

So vertrugen sich die meisten wieder mit dem Kommandanten, und abends, wenn seine Soldaten Harmonika spielten und sangen, tanzte er den Frauen was vor. Und die Frauen sahen verächtlich zu den paar alten Männern und sagten: »Der hat noch Saft und Kraft!« Und die Männer ärgerten sich.

Der Opa Schiller sagte dann noch, er hat sogar drei Worte auf russisch gelernt, und damit ist er mit dem Kommandanten ganz gut ausgekommen. Sie lauteten: »Towarisch, Drushba und Nastarowje!« Aber heute reicht das nicht mehr aus, deshalb müssen wir besser Russisch lernen.

Als ich diesen Bericht unserem Alfons zeigte, zuckte es in seinem Gesicht ein bißchen. Er wurde aber gleich wieder ernst und sprach: »So kann man das nicht schreiben. Denn die deutsch-sowjetische Freundschaft ist eine würdige Angelegenheit!«

Daran kann man erkennen, wie schwer es ist, es den Erwachsenen recht zu machen. Dabei hat mir der Kommandant so gut gefallen.

Schüler, Eltern und Lehrer des Jahres

Jedes Jahr kann man in der »Jungen Welt« lesen, wer die Sportler des Jahres sind. Ich habe nichts dagegen, im Gegenteil, denn ich liebe die Sportler sehr, aber ungerecht ist es trotzdem. Meine Oma ist zum Beispiel schon 65 Jahre alt, und sie hat nie die Aussicht, einmal die Sportlerin des

Jahres zu werden, und einigen anderen geht das auch so. Deshalb schlug ich in unserer Pioniergruppe vor, man müßte auch den Schüler des Jahres oder ein Elternteil oder vielleicht sogar einen Lehrer des Jahres suchen, welcher durch eine besondere Tat aufgefallen ist und worüber viele Menschen lange Zeit gesprochen haben.

Alle gaben mir recht, nur die Bärbel Patzig meinte, wozu extra was erfinden. Dafür gibt es ja Abzeichen und Medaillen und Orden, und wer noch keinen hat, muß sich eben mehr anstrengen.

Als sich der Lärm gelegt hatte und die Bärbel wieder ein bißchen Farbe bekam, sprach ich aufklärerisch: »Liebe Bärbel, wir haben ja nichts dagegen, und ich gönne dir jede Menge Orden und so, aber du mußt doch zugeben, daß es auch Menschen gibt, die nie einen bekommen, weil sie zuwenig Einsen haben oder weil sie nicht zu einem anderen sagen, schlag mich mal vor, und weil sie überhaupt zuwenig auffallen. So was gibt's. Deshalb könnte der Schüler oder die Mutter oder der Lehrer des Jahres ein gerechter Ausgleich sein, kapierst du endlich?«

Ganz hat sie es wohl noch nicht verstanden, darum ergänzte mein Freund Harald: »Das kann auch jemand sein, der wie du nicht gleich kapiert, was jeder Mensch kapiert. Kapierst du jetzt?« Die Bärbel kapierte, und so konnten wir endlich zu den Vorschlägen übergehen. Die Frage lautete: Wer war im letzten Jahr am meisten im Gespräch? Nach langer Diskussion wurden folgende Kandidaten ausgewählt und an der Wandzeitung aufgehängt:

Siegfried Schiller,
genannt unser Schweinesigi
Der Sigi ist der erfolgreichste Geruchsverbreiter des Jahres. Das kommt davon, weil er dauernd rohe Zwiebeln frißt. So

kam es zu mehreren Unterrichtsunterbrechungen wegen notwendiger Lüftung und zu drei Aussprachen vor dem Gruppenrat, in denen der Sigi gelobte, keine rohen Zwiebeln mehr zu essen. Der Höhepunkt war, als der Sigi eines Tages nicht nach Zwiebeln, sondern nach Knoblauch stank. Das Fräulein Bella Kohl bekam einen Zustand und schrie in die Klasse, das hält kein Mensch aus. Deshalb mußten zwei Schüler den Sigi beim Herrn Direktor abliefern. Aber nach einer Minute flog die Tür des Herrn Direktor auf und der Sigi raus. Und der Herr Direktor rief hinterher: »Laß dich nicht noch einmal hier riechen!« Nur ein einziges Mal wurden die Geruchskünste des Schweinesigi hervorgehoben. Das war an dem Tag, als der Herr Schulinspektor aufkreuzte. Nach fünf Minuten sagte er zum Fräulein Bella Kohl: »Lassen Sie sich nicht stören« und ging in eine andere Klasse. Über diesen Vorfall sprachen wir und die Lehrer noch lange.

Das Elternaktivmitglied
Frau Weichbrodt

Frau Weichbrodt ist eine sehr mutige Persönlichkeit. Einmal hieß es in der Elternversammlung: Wie kommt man bloß an die Frau Speckmann ran? Der Sohn von Frau Speckmann ist faul, frech und ein Sargnagel für fast alle Lehrer. Aber die Frau Speckmann glaubt das nicht und erklärte im Konsum: »Wenn ein Lehrer kommt, laß ich den Hund los!« Da meldete sich die Frau Weichbrodt und sagte, sie wird als Aktivmitglied einen Hausbesuch machen. Und das geschah. Als die Frau Weichbrodt ans Gartentor kam, schlachtete die Frau Speckmann gerade ein Huhn. Und sie fragte mit blutigem Messer, was es gibt. Die Frau Weichbrodt hatte aber keine Angst und erklärte den Grund. Da fing die Frau Speckmann an zu keifen. Sie nahm das Beil und haute vor Wut einem zweiten Huhn den Kopf ab. Aber die Frau Weichbrodt machte sich nichts daraus, nahm ihr das Beil weg und sprach streng: »Wenn Sie jetzt nicht ruhig zuhören, dann passiert's!« Da hörte endlich die Frau Speckmann ruhig zu; denn sie wollte nicht, daß auch noch ein drittes Huhn wegen ihrem verkommenen Sohn geopfert wird. Seit dieser Zeit kommt die Frau Speckmann sogar zu den Elternversammlungen, und darüber sprechen alle Eltern.

Der Herr Lehrer Kurz
Bei einem Sportfest spielten einmal die Lehrer gegen den Rat der Gemeinde Fußball. Es hieß »Kreide gegen Tinte«. Wir waren sehr gespannt. Unsere Freude wuchs, als wir hörten, daß auch der Herr Kurz mitspielt. Er war Linksaußen bei der Kreide. Als das Spiel langsam in Gang kam, lief auch dem Herrn Kurz aus Versehen ein Ball vor die Füße. Weil er auf diese Überraschung nicht gefaßt war, schrien wir alle: »Herr Kurz vor, schieß ein Tor!«

Der Herr Kurz hat sich über die Begeisterung sehr gefreut. Er stellte seinen rechten Fuß auf den Ball und verbeugte sich nach allen Seiten. Dabei übersah er, wie der dicke Bürgermeister auf ihn zuraste. Als der Herr Kurz auf der Unfallstation wieder zu sich kam, fragte er als erstes, wie das Spiel ausging. So viel Geistesgegenwart hätten wir dem Herrn Kurz gar nicht zugetraut. Deshalb schlagen wir ihn als den Lehrer des Jahres vor; denn noch nie war ein Fußballspieler so im Gespräch wie der Herr Kurz.

Nachdem Herr Burschelmann als unser Klassenlehrer die Vorschläge gelesen hatte, grunzte er vor sich hin: »Da fehlt noch einer, nämlich der Schlawiner des Jahres!« Und weil mich der Herr Burschelmann besonders ansah, antwortete ich: »Entschuldigen Sie, Herr Burschelmann, aber wir haben Sie deshalb nicht vorgeschlagen, weil Sie ja schon ein Aktivist sind.« Der Herr Burschelmann sah das ein, schnaufte in ein großes Taschentuch und sprach: »Na, dann möchte ich jetzt den Mathematiker des Jahres an der Tafel sehen. Wie wär's, Ottokar?«

Der Herr Burschelmann meinte nach der Leistungskontrolle: »Als Mathematiker kannst du dich vielleicht gerade noch sehen lassen, aber als Diplomat des Jahres hast du keine Aussicht!«

Ottokar, der Schalk

Sonst ist die Oma in Ordnung

Einmal hat sich der Pillenheini schlecht über seine Oma ausgelassen. Sie ist streng und rechthaberisch und überhaupt altmodisch. Das kann ich von meiner Oma nicht sagen, im Gegenteil, sie hat sich zu einer fortschrittlichen Bürgerin entwickelt, was ich beweisen kann.

Unsere Oma ist in einer bewaldeten Gegend geboren, wo früher die Masuren, Wilddiebe und andere Völkerstämme hausten, und sie nennt diese Gegend in ihrer Erinnerung kalte Heimat. Man merkt der Oma ihre Herkunft heute nicht mehr an, weil sie sich schon lange an unsere warme sozialistische Heimat gewöhnt und sie sogar mit aufgebaut hat.

Unsere alte Oma ist zu einer neuen Oma geworden, nur an ihrer Aussprache merkt man noch ein bißchen die Vergangenheit. Aber das ist ein Fehler; denn sie trägt damit manchmal zu einer schönen Unterhaltung in der Familie bei. Sie beginnt meistens mit dem Satz: »Bei uns zu Hause war es früher so ...« Eigentlich gefallen mir die Geschichten, die Oma von zu Hause erzählt, doch inzwischen kennen wir sie schon auswendig und können gleich ergänzen, was bei Oma zu Hause früher anders war. Aber sonst ist meine Oma ganz in Ordnung.

Manchmal erzählt die Oma, wie sie sich früher als ein junges Mädchen verhalten mußte, nämlich sittsam und still. Zum Beispiel durfte sie mit 16 Jahren nicht zum Tanzen gehen oder vielleicht sogar mit einem Jungen zum Campen. Dann hätte Omas Vater einen Prasekel genommen und ihr ein paar übergezogen. Der Prasekel muß ein Strick oder eine Ochsenpeitsche oder so was gewesen sein, denn die Oma stammte aus einem bäuerlichen Verhältnis.

Heute haben die jungen Mädchen nicht mehr solche Hemmnisse, und manche Eltern sind froh, wenn ihre Töchter in den Ferien campen, Hauptsache, sie bringen kein Kind mit und machen ihre Schularbeiten.

Ganz hat unsere Oma ihre strenge Erziehung aber noch nicht überwunden. Man merkt das daran, daß sie manches noch nicht richtig versteht. Einmal sahen wir zu Hause einen tollen Film im Fernsehen, mit einer nackichten Frau und einem ebensolchen Mann. Die Oma hielt gleich ihre Hand vor meine Augen und meinte, das darf ich nicht sehen. Ich sagte, was ist schon dabei. Die Unterschiede haben wir schon in Biologie drangehabt, und wenn die Oma will, kann ich sie auch im Finstern aufzählen.

Und meine Schwester Jana, welche erst in die vierte Klasse geht, ergänzte: »Oma, wenn du eine zehnklassige Oberschule besucht hättest, dann würdest du dich nicht mehr so schämen. Die zwei lieben sich doch bloß, und wenn sie eine Pille einnehmen, passiert gar nichts, und sie können danach besser schlafen.« Das ist eben so.

Ich dachte, die Oma wird nicht mehr. Sie fragte meine Eltern, was sie dazu sagen, und mein Vater antwortete sehr ausführlich: »Nanana!« Aber sonst ist die Oma in Ordnung.

Manchmal erzählt die Oma von der Arbeit bei ihr zu Hause. Zum Beispiel haben sie früher das Sauerkraut selbst hergestellt. Dazu mußte die Oma ihre Holzpantinen ausziehen, die Füße waschen, in einen Bottich klettern und den

Kohl feststampfen. Diese qualifizierte Arbeit durfte nicht jeder verrichten. Dazu waren nur reine Jungfrauenbeine geeignet.

Meine Schwester ekelte sich, als sie das hörte, und wollte keinen Sauerkohl mehr essen. Aber mir macht das nichts aus, wenn ich an Omas Füße denke. Denn sie pflegt sie sehr und hat nicht einmal Krampfadern. Für diese Arbeit würde ich mich auch hergeben, und ich brauchte dann abends nicht mehr meine Füße zu waschen. Meine Mutter sagt zwar manchmal: »Mit deinen Geschichten kannst du uns den ganzen Appetit verderben!« Aber sonst ist sie, meine Oma, in Ordnung.

Meistens läßt sich die Oma über die Sparsamkeit aus. Und das ist der Punkt, wo meine Mutter mit der Oma nicht ganz einverstanden ist. Sie wird deshalb nicht böse, nur giftig.

Schneidet zum Beispiel meine Mutter bei einem Paket den Bindfaden einfach durch, gleich schreit die Oma: »Das kannst du doch nicht machen! Den Bindfaden hätte man noch einmal verwenden können.« Schält meine Mutter Kartoffeln, kommt die Oma angewetzt und nimmt ihr das Messer weg, wozu sie spricht: »Laß mich mal, du schälst immer so dick!« Stellt die Mutter mehrere Wurstsorten und Käse auf den Abendbrottisch, jammert die Oma: »Muß das denn sein, so viel?« Wird meine Mutter dann gallig und sagt: »Brauchst ja nicht alles zu essen, wenn es dir zu viel ist!«, mampft die Oma leise vor sich hin und merkt gar nicht, daß sie von jeder Sorte mehrere Portionen ißt. Sagt meine Mutter zum Vater: »Der Ottokar braucht schon wieder ein Paar neue Schuhe!«, schon spritzt die Oma los und beguckt meine alten Botten. Damit es keinen Krach gibt, sagt der Vater schnell: »Na ja, wenn man die Spitzen vorne abhackt, haben seine Zehen noch Platz!« Wir müssen dann lachen, die Oma wackelt dazu mit dem Kopf, aber sonst ist sie in Ordnung.

Auch kulturell gesehen hat die Oma schon ein höheres Niveau. Früher sang sie gern Lieder von Wilddieben oder von einem Mariechen, das im Stall an einem langen Ding rumzupfte oder so. Heute hört sie im Radio am liebsten Geigen oder schöne Stimmen. Wenn die Oma im Fernsehen einen alten Film sieht, dann ist sie ganz weg und schreit manchmal: »Das war noch ein Mann!« Meine Mutter ärgert sich ja immer, wenn die Oma so schwärmt, und sagt dann: »Für mich ist unser Vati der Schönste!«

Das stimmt zwar nicht, denn mein Vater ist keine besondere Schönheit, auch nicht in langen Unterhosen. Aber in Ordnung ist er ebenfalls.

Oma betätigt sich heute sogar künstlerisch, indem sie die ganze Familie bestrickt. Ihre Pullover und Jacken sind so, daß die Leute denken, wir haben sie im Exquisit gekauft. Darum ist die Oma stricktuell gesehen auch in Ordnung. Meine Oma lebt nicht mehr auf dem Mond, wie manche denken, sondern in unserer Republik. Darum ist sie auch eine aktive Bürgerin.

Wenn die Oma von einer Versammlung kommt, erzählt sie immer, was los war und wie sie es einem gegeben hat, und mein Vater als Genosse soll ihr sagen, ob sie recht hat. Der Vater antwortet mal ja und mal nein, je nachdem. Wenn der Vater nein sagt, bleibt die Oma trotzdem bei ihrer Meinung. Sie kassiert die Volkssolidarität und beteiligt sich aktiv an Rentnerausflügen, Rentnerkuchenessen und Rentnerdisko. Auch leistet sie Nachbarschaftshilfe, zum Beispiel wenn bei jemandem ein Kind krank ist.

Ich sagte zur Oma: »Wenn du so weitermachst, wirst du vielleicht noch eine Abgeordnete. Dort brauchen wir rüstige Jugendliche.« Die Oma lachte und meinte, sie ist zu alt dazu. Außerdem müßte sie dann öfter zum Friseur, und das kostet bloß Geld. Daran merkt man, daß die Oma trotz ihrer Funktionen noch eine Frau geblieben ist. Aber sonst ist sie in Ordnung.

Nur einmal hat sich unsere Oma über die neue Zeit mächtig aufgeregt. Sie fragte den kleinen Nachbarssohn Olf-Ritschert, als er das erste Mal von der Schule kam: »Na, wie war's denn so?« Und der Olf-Ritschert antwortete: »Scheiße! An der Tür steht 1. Klasse, aber drinnen gibt es nur Holzbänke!«

Die Oma meinte, solche Antworten hätte man früher nicht geben dürfen! Aber sonst ist die Oma mit der neuen Zeit zufrieden und in Ordnung.

Als wir unseren Trabi bekamen

Eines Tages war es soweit. Ein Brief kam an, und darin wurde mitgeteilt, daß wir unseren Trabant abholen können. Die Mutter war gar nicht so erfreut. Sie meinte: »Jetzt bin ich abgeschrieben«, und sie sieht voraus, daß sich der Vater nur noch mit dem Auto beschäftigen wird. Aber mein Vater tröstete sie und sagte: »Erst kommt immer noch meine Arbeit, dann eine ganze Weile gar nichts, dann kommst du und dann der Trabant.«

»Wir werden ja sehen«, antwortete die Mutter, und sie wird ihn daran erinnern.

Die nächsten Tage beschäftigte sich der Vater nur mit Literatur. Jeden Abend studierte er Verkehrsvorschriften und Autokarten. Die Mutter hat er damit ganz nervös gemacht, und sie fragte dauernd, ob es nicht besser ist, wenn der Vater einen Kollegen, der schon Erfahrung hat, zum Abholen mitnimmt. Aber so eine Beleidigung konnte der Vater nicht auf sich sitzen lassen.

Als er sich zum Empfang des Autos verabschiedete, nahm die Mutter einen Haushaltstag. Wie ich von der Schule kam, saß sie immer noch in der Küche und sah aus wie jemand, der auf ein großes Unglück wartet. Sie guckte lauschend vor sich hin, und immer, wenn sie ein Auto hörte, sprang sie vor die Haustür. Sie fragte sogar die Müllfahrer, ob sie zufällig einen neuen Trabant gesehen haben, vielleicht im Straßengraben. Sie sagten nein, und da war sie wieder beruhigt. Aber nicht lange. »Wenn Vater was passiert ist«, tröstete ich die Mutter, »dann mußt du dir keine Sorgen machen. Heute funktioniert der Unfalltransport ziemlich schnell.«

Endlich hörten wir ein Heulen und Hupen. »Das ist er!« Und wir stürzten hinaus. Da stand er. Der Vater blieb extra so lange sitzen, damit wir sehen konnten, wie er sich macht. Dann stieg er aus und sagte zu uns mit fachmännischem Blick: »Na ja, muß eben noch eingefahren werden.« Während Mutter den Vater untersuchte, ob er auch noch alle beisammen hat, beguckte ich mir erst mal den blauen Trabi.

»Wo warst du denn so lange?« hörte ich die Mutter fragen, und der Vater antwortete: »Was meinst du, wie man dort anstehen muß. Und dann der Verkehr in der Stadt! Man kommt ja nur im zweiten Gang vorwärts.«

Mutter streichelte den Vater, und dann erklärte er uns das Auto: »Also die Reifen sind in Ordnung, und hier ist das Lenkrad, da die Gangschaltung, Kupplung, Bremse, Gaspedal, Lichtschalter, Blinker, Scheibenwischer.«

Mutter war ganz stolz. Was der Vater aber auch alles wußte! Und damit mich die Mutter auch bewundert, erklärte ich weiter: »Hier sind die Sitze, die Türen, Fensterkurbeln, Scheiben – die sind auch in Ordnung.«

»Nein, das wär alles zuviel für mich«, gab die Mutter zu, und damit brachte sie den Vater erst recht in Schwung. Er öffnete die Motorhaube und erklärte weiter: »Motor, Keilriemen, Kühler, Pumpe ...«

»Nee«, sagte ich, »dort ist der Filtereinsatz!«

»Hab ich die Fahrerlaubnis oder du!« widersprach der Vater, und die Mutter gab mir einen Klaps und meinte, der Vater muß es besser wissen, und ich soll meinen Mund halten.

Nachdem der Vater noch den Kofferraum und das Ersatzrad erklärt hatte, lud er uns gleich zu einer kleinen Probefahrt ein.

»Ach, lieber nicht«, sagte die Mutter. Aber dann zog sie doch ihre Pantoffeln aus und eine frische Bluse an. Sie stieg ein und setzte sich ganz tapfer hin. Der Vater erklärte ihr jetzt noch den Gurt und ich seine Bedeutung: »Damit«, sagte ich, »fliegst du nicht gleich durch die Windschutzscheibe, sondern brichst dir vielleicht nur ein paar Rippen und das Nasenbein!« Die Mutter sah jetzt nicht mehr so tapfer aus.

Der Vater fragte, ob wir alle sitzen. Wir sagten ja. Dann ging er zur Fahrbereitschaft über. Der Motor sprang auch gleich an, der Vater schaltete den ersten Gang ein und ließ erst einmal den Motor richtig aufheulen, bis der Trabi endlich langsam anruckelte.

»Der fährt aber schwer an«, sagte die Mutter, und der Vater erklärte, daß das bei neuen Wagen immer so ist.

»Besonders bei angezogener Handbremse!« ergänzte ich.

Eins muß man dem Vater lassen: Er kann sich gut beherrschen, löste die Handbremse und fuhr ein Stück dahin, bis es fürchterlich knirschte. Die Mutter schreckte zusammen, und ich beruhigte sie: »Das war nur ein Gruß vom Getriebe!« Und der Vater ergänzte: »Am Anfang gehen die Gänge noch etwas schwer.«

Wir sind dann ganz ordentlich die Straße langgefahren bis zu einer Kreuzung. Der Vater hupte, was er nicht wollte, er hat sich bloß vergriffen, bevor er blinkte. Ich muß sagen, der Bogen, den er dann bei der Rechtsabbiege schlug, war nicht schlecht. Ein Glück, daß hinter uns kein Auto kam.

»Warum hältst du?« fragte die Mutter später. Ich sagte, weil hier ein Vorfahrtsschild steht. Als endlich ein Auto von links angeschossen kam, gab Vater Gas, um schnell noch die Kreuzung zu überqueren. Aber der Trabi rührte sich nicht vom Fleck. »Ist was kaputt?« fragte die Mutter. »Iwo«, antwortete ich. »Der Vater weiß schon, was er tut. Er hat vorsichtshalber keinen Gang eingeschaltet, damit das andere Auto noch rechtzeitig vorbei konnte.«

Mutter blickte mich dankbar an, Vater nicht so. Aber nach einem weiteren Gruß vom Getriebe kam er wieder in Fahrt. Als wir das Dorf hinter uns hatten, wurde der Vater leichtsinnig und schaltete auf den dritten Gang. »Der rollt, was?« freute er sich.

»Vorsicht!« rief ich, aber der Gegenfahrer hatte uns schon bemerkt und ist weit genug ausgewichen. »Ich hab selber Augen im Kopf!« sprach der Vater zurück, und wenn ich meinen Schnabel nicht halte, setzt er mich raus.

Dann kam eine lange Chaussee und vor uns ein langsam fahrender Traktor mit Anhänger. »Jetzt geh ich zum Überholvorgang über«, erklärte der Vater. Beim dritten Mal klappte es, und die Mutter winkte dem Traktorfahrer zu. Der zeigte ihr einen Vogel.

»Das ist ein ungehobelter Mensch«, meinte die Mutter, aber ich klärte sie auf: »Du mußt eben noch viel lernen. So begrüßt doch ein Kraftfahrer einen anderen, dem ein schwieriges Manöver gelungen ist.« Mutter glaubte es nicht ganz, und Vater wischte sich den Schweiß ab.

Im nächsten Dorf fuhr der Vater um eine Kirche. »Wir wollen mal wieder zurück«, sagte er, »man darf den Motor nicht so belasten.« Dann fuhr er durch eine Pfütze, was aber dem Motor nichts ausmachte, und bei einer Linksabbiege schonte er den Blinker, damit der auch nicht zu sehr belastet wird.

In unserem Dorf gab Vater noch zwei Bremsproben von sich, einmal wegen einem Hund und ein andermal wegen einem Stoppschild. Bei den Bremsvorgängen ging ihm leider der Motor aus, aber er kriegte es wieder hin und sprach bedeutsam zur Mutter: »Man muß mal die Kerzen nachsehn.« Als wir zu Hause ausstiegen, bekamen wir schon wieder etwas Farbe im Gesicht.

Mutter und ich durften dann ein paar Wochen lang nicht mehr mitfahren. Auch klebte der Vater ein großes A an die hintere Scheibe. Das A wurde dann immer kleiner, und nach vielleicht zwölf Wochen ließ er es ganz weg. Von da ab durften wir wieder mitfahren. Und wenn in unserer Einfahrt nicht so eine blöde Ecke wäre, die Vater gestern übersehen hat, dann hätten wir morgen bestimmt wieder eine schöne Autowanderung gemacht.

Von einem freiheitlichen Triebkind

Bei einigen Eltern ist eine neue Erziehungskunst ausgebrochen. Ihre Losung lautet: Man darf ein Kind nicht zwingen. Dazu möchte ich ein Beispiel erzählen.

Neben uns wohnt die Familie Kamelius. Eigentlich wohnt sie nur im Sommer dort, denn ihre Datsche ist sehr bescheiden mit drei Zimmern, Garage, Kaminecke, Schwimmingpuhl und gepolsterter Hundehütte. Der Hund ist ein Adliger und heißt Wido von Pichelstein. Der Herr Kamelius verkauft alte Möbel, heilige Figuren, Kerzenständer, Münzen und so was, und die Frau Kamelius hat auch eine Münze im Kopf. Sie erzählt allen Leuten, daß sie von einem alten Kaufmannsgeschlecht abstammt. So sieht sie auch aus. Aber weil sie sich mit dem Wissenschaftlergeschlecht eingelassen hat, heißt sie Kamelius.

Diesem entsprang die Hauptperson der Familie Kamelius, nämlich der Sohn Christian. Er ist fünf Jahre alt. Die Mutter ruft ihn meistens Chris, weil das ausländisch klingt. Nur wenn er etwas Schlimmes angestellt hat, nennt sie ihn Christian.

Mittags essen sie meistens auf der Veranda, und da kann man sehen, wie man ein Kind freiheitlich und ohne Zwang erzieht. Einmal bekam Christian ein Glas Milch hingestellt. Er mochte es aber nicht und schob es weg. Die Mutter redete dem kleinen Christian zu, und als er nicht darauf einging, schaute sie den Vater an, und der sprach: »Man soll ein Kind nicht zwingen!«

Erst nach der vierten Sorte Saft nahm das Kind einen Schluck und spuckte ihn dann übern Tisch dem Vater auf das Hemd. Der wollte dem Christian schon eine knallen, aber die Mutter schützte ihn und schrie: »Du wirst dich doch wohl nicht an einem Kind vergreifen!« Da zog der Vater die Hand zurück und ein neues Hemd an.

Das ungezwungene Kind erlaubte sich aber noch mehr Sachen. Einmal schoß es mit einer Wasserpistole auf die Briefträgerin Frau Kahlmann. Frau Kahlmann hat sonst nichts gegen Kinder, nur gegen Hunde. Weil aber die Briefträgerinnen nie mit Spritzpistolen, sondern mit »Guten Tag« begrüßt werden, sagte die Frau Kahlmann zu Frau Kamelius: »So was darf ein Kind nicht tun!«

Die Frau Kamelius antwortete, es sind ja bloß ein paar Spritzer, und der Chris ist ja noch so klein und schon ein so aufgewecktes Kind. Es hat eben einen Spieltrieb, und den muß man ihm lassen. Damit aber die Frau Kahlmann sehen sollte, daß die Frau Kamelius trotzdem eine Erzieherin ist, wurde dem ungezwungenen Christian befohlen, ins Haus zu gehen.

Der ging aber nicht ins Haus, sondern durchs Gartentor und verteilte dort aus der Tasche von Frau Kahlmann Briefe. Die Postfrau war ganz schön sauer, als sie alle wieder aufgesammelt hatte, und die Mutter des spielenden Triebkindes schrie ihr giftig nach: »Wir erziehen unser Kind antiautoritär, und es soll sich frei entwickeln!«

Ich weiß zwar nicht, was das heißt, aber es muß eine neue Erziehung sein, vielleicht Trieberziehung oder so was.

Ein anderes Mal spielte das Kind Pißkeilchen, indem es in einen Topf pullerte, Sand hineintat, knetete und damit unsere Wäsche beschmiß. Ich sagte, das darfst du nicht machen, und der Chris antwortete: »Alte Sau!« Er schrie das Wort noch ein paarmal und immer lauter, bis ihn endlich seine Mutter hörte. Sie sagte dem lieben Chris, so ein Wort darf man nicht in den Mund nehmen. Damit sich das liebe Chrislein beruhigte, formte die Mutter aus dem Topf auch ein paar Küchlein. Sie konnte ja nicht wissen, womit der kleine Chris den Teig zubereitet hat. Danach schälte die liebende Mutter Obst für Kompott.

Das liebe Kind ist inzwischen einsichtig geworden, zeigte mir bloß die Zunge und ich ihm die Faust. Die Mutter meinte, der Chris darf sich mit so einem Bengel wie mir nicht einlassen.

Einmal, an einem Sonntag, wollten meine Eltern im Garten ein bißchen ausruhn. Aber es wurde nichts daraus, denn von nebenan hörte man dauernd Hammerschläge. Meine Eltern ärgerten sich darüber sehr, aber sie wollten auch keinen Krach mit den Nachbarn. Mich interessierte, was da vor sich ging. Ich schaute über die Hecke, und da sah ich, wie der kleine Christian sich als Mörder betätigte. Er schlug mit einem Hammer Ameisen tot, welche über die schönen bunten Steine der Veranda liefen.

Da kam mir eine Idee. Ich holte aus dem Schuppen einen größeren Hammer, winkte den Christian zu mir und sagte: »Damit schaffst du viel mehr. Mußt aber mit beiden Händen zuhauen, denn der Hammer ist schwer.« Das Kind freute sich, und meine Mutter meinte kurz danach: »Mein Gott, was ist jetzt da drüben los!« Ich sagte: »Reg dich nicht auf, in einer Viertelstunde ist vielleicht alles vorbei.«

Und so war es auch. Schon nach fünf Minuten hörte man die Frau Kamelius nach ihrem Gatten rufen, und beide schrien denn ihrem ungezwungenen Kind zu: »Christian, was machst du da! Du zerschlägst ja alle Platten!«

Trotzdem hatten meine Eltern keine Ruhe mehr, denn sie sollten danach den Nachbarn erklären, was sie von meiner Erziehung halten. Mein Vater sah sich die geplatzten Ameisen und Steine an und sagte, er kriegt das wieder hin. Mir aber schrie er zu, er hätte mich für vernünftiger gehalten, und mein Vater befahl mir, die Wanne, Kies, Zement und Werkzeug zu holen. Die Kameliusfamilie guckte uns zu und dachte bestimmt von meinem Vater: Das ist auch so ein Zwangserzieher. Sie boten ihm sogar ein Bier und mir eine Limonade an. Aber mein Vater lehnte ab, und ich sagte: »Danke, ich hab keinen Trieb danach.«

Nach diesem Erlebnis kam mir die Idee, einmal in der Schule darüber zu diskutieren, ob man diese ungezwungene Trieberziehung nicht auch dort einführen könnte. Es wäre doch viel schöner, wenn jeder machen könnte, was er will. Wer zum Beispiel Mathematik nicht mag, der malt eben, oder die dicke Mia könnte ungezwungen während des Unterrichts Kuchen essen, oder wir könnten dem Herrn Luschmil sagen, er solle die letzte Stunde ausfallen lassen, weil wir keine Lust mehr haben, und die Zensuren könnte man abschaffen, oder man müßte uns erlauben, daß wir auch den Lehrern Zensuren geben, und überhaupt könnte alles viel ungezwungener sein, ohne Pflichten, nur mit Rechten.

Viele schrien, ja, das wäre schön! Aber mein Freund Harald sagte: »Wenn du das ernst meinst, dann kannst du ja in der nächsten Stunde beim Herrn Burschelmann gleich mal deinen Trieb ausprobieren.« Das tat ich, denn ich durfte ja jetzt nicht feige sein.

Als der Herr Burschelmann kam, fragte er wie immer: »Na, wer möchte an die Tafel zur Wiederholung?« Einige meldeten sich, und ich stützte mich gemütlich auf den Tisch, weil ich nicht wollte.

»Und wie ist es mit dir?« fragte der Herr Burschelmann.

»Ich hab heute keinen Trieb«, antwortete ich.

Der Herr Burschelmann sah das ein und nahm die dran, die einen Trieb hatten.

Danach nahmen wir einen neuen Stoff durch, und weil er ganz interessant war, hab ich mich sogar ein paarmal gemeldet. Der Herr Burschelmann übersah mich einfach. Ich dachte, was kann ich nur tun, damit mich der Herr Burschelmann wieder bemerkt. Ich holte meine Stulle raus und fing an zu essen. Aber der Herr Burschelmann war wie blind. Da steckte ich die halbe Stulle wieder weg und dachte, wenn die Stunde bloß bald vorbei wäre. Ich stöhnte ziemlich laut. Doch der Herr Burschelmann war nicht nur blind, sondern auch taub zu mir.

Als es klingelte, ließ ich die anderen erst hinausgehen, damit ich den Herrn Burschelmann allein sprechen konnte. Ich sagte: »Entschuldigen Sie, Herr Burschelmann, aber mein Verhalten kam daher, weil ...« Aber der Herr Burschelmann ging an mir vorbei und meinte ganz ruhig: »Ich hab heut keinen Trieb, dich anzuhören.«

Drei Tage lang sah mich der Herr Burschelmann nicht, und das hat mich bald verrückt gemacht. Ich wußte nicht, was ich tun sollte. Erst am vierten Tag fragte er mich mit einem Zwinkern: »Na, Ottokar, hast du heute wieder einen Trieb?« Ich nickte froh und hätte dem Herrn Burschelmann am liebsten eine Eins als Lehrer und als Mensch gegeben. Aber das steht mir leider nicht zu.

Davon hängt der Haussegen schief

Zu den wichtigsten Schriften der Menschheit gehören die Unterschriften. Deshalb lernt ein Kind so schnell wie möglich seinen Namen schreiben

Angefangen hat es bei mir mit einem selbstgemalten Bild. Es zeigte eine Blume, halb Rose, halb Kaktus, und meine erste Lehrerin, die Frau Seidenschnur, sprach dazu: »Du hast aber eine feine Blume gemalt! Schaut mal alle her, Kinder, was der Ottokar für eine feine Blume gemalt hat! Weißt du was, die kommt in die Ausstellung zur Elternversammlung. Da werden aber die Muttis und Vatis staunen!«

Dann fiel der Frau Seidenschnur ein, daß eigentlich noch etwas fehlt. »Jetzt mußt du auch noch deinen Namen darunterschreiben, damit jeder sieht, wer der Künstler ist!«

Und weil wir erst drei Buchstaben gelernt haben, nahm sie meine Hand in ihre Hand und malte »Ottokar« unter das Gemälde.

Damals war ich noch ziemlich dumm wie alle kleinen Scheißerchen in der ersten Klasse. Heute weiß ich, welche Bedeutung ein unterschriebener Name hat, zum Beispiel bei Elternversammlungen, wo Gemälde, Hefte und andere Sachen von uns ausgestellt sind. Zuerst suchen die Eltern die Namen ihrer Lieblinge, und wenn sie diese entdeckt haben, schreien sie sich gegenseitig zu: »Hier ist er!« Und sie machen alle darauf aufmerksam, aber die anderen gucken gar nicht hin, erst wenn sie den Namen ihres Kindes gefunden haben.

Aber viel wichtiger als unsere Unterschriften sind die der Eltern. Das fängt schon in der 1. Klasse an. Sie müssen zum Beispiel unterschreiben, ob ihre Kinder baden und wandern dürfen, ob sie an der Schulspeisung teilnehmen können oder magenkrank sind, ob sie endlich begreifen, daß ein Schüler von unserer Schule nur in blauer Turnhose turnen darf und nicht in gelber oder roter. Das versteh ich ja alles noch, und das ist nicht das Schlimmste.

Viel schlimmer ist, daß wir dauernd unsere Hefte zu Hause vorzeigen müssen, damit die Eltern die Zensuren, Tadel, Ermahnungen und andere Auszeichnungen unterschreiben.

Einmal mußte ich in der Stunde beim Herrn Kurz laut die Nase hochziehen, weil ich mein Taschentuch vergessen hatte. Ich dachte, der Herr Kurz wird nicht mehr. Sein stolzes Antlitz verzog sich wie ein zusammengequetschter Tafelschwamm. Er rief mich gleich nach vorn und schrieb ins

Heft: »Es ist eine Zumutung, sich die Nasengeräusche Ihres Sohnes anhören zu müssen. Ein Taschentuch dürfte wohl zur hygienischen Mindestausstattung eines Schülers gehören!« Und mündlich ergänzte er: »Ich erwarte die Unterschrift deiner Eltern.«

So blieb mir nichts weiter übrig, als das Heft vorzuzeigen.

Mein Vater meinte, den Schnodder kann man auch leise hochziehn, wenn man kein Taschentuch hat, aber meine Mutter hat sich viele Wochen lang geschämt und ist dem Herrn Kurz ausgewichen. Sie wär beinah einmal von einem Auto überfahren worden, nur weil sie dauernd guckte, ob nicht der Herr Kurz des Weges kommt. Und wenn sich die Mutter an die Eintragung erinnert, muß sie weinen, weil sie denkt, der Herr Kurz denkt jetzt von ihr, sie ist eine Schlampe, und das geht über ihre Kraft und Nerven. Meine Mutter hat mir richtig leid getan, und ich dachte immer daran, wie ich dem Herrn Kurz eins auswischen kann, aber mir ist nichts so Gemeines eingefallen.

Dem Schweinesigi ist das ja auch schon mal passiert, nicht beim Herrn Kurz, sondern beim Fräulein Bella Kohl. Sie ist ebenfalls sehr penibel, aber sie verlangte keine Unterschrift, sondern gab dem Sigi ein Tempotaschentuch und jagte ihn auf den Flur zum Naseputzen. Wir hörten dann draußen einen Elefanten trompeten, und damit war der Fall erledigt.

Der Schweinesigi ist aber auch sonst ein gestrafter Schüler. Bei jeder schlechten Zensur, die sein Vater unterschreiben muß, gibt es als Zugabe noch Senge. Früher reichte es, wenn seine Mutter oder die Oma unterschrieben haben, und sie taten es seufzend. Aber der Sigi blieb heil und gesund. Seitdem sich aber einer ausgedacht hat, daß beide Elternteile unterschreiben müssen, besonders die

Väter, damit sie auch etwas für die Erziehung ihrer Kinder tun, ist es mit der ruhigen Zeit vorbei, und der Haussegen hängt öfter schief.

So kam es, daß sich der Schweinesigi eines Tages hinsetzte und übte und übte, bis er die Unterschrift seines Vaters einigermaßen hinkriegte. Ich sagte zum Sigi, er ist ganz schön blöd, es kommt doch raus. Und richtig. Der Herr Burschelmann hat es gleich entdeckt, und er sagte dem Sigi die Zukunft voraus, nämlich als Tütenkleber, Galeerensträfling und Botschafter der Unterwelt. Auch sollte er am nächsten Tag die Unterschrift vom Vater nachbringen.

Weil ich wußte, was dem Sigi jetzt blüht, bin ich aufgestanden und habe dem Herrn Burschelmann gesagt, er möchte das bitte nicht verlangen. Denn Sigis Vater hat auch noch eine andere Handschrift, und die kann man morgen von Sigis Gesicht ablesen.

Da geschah etwas, was ich dem Herrn Burschelmann zugetraut habe. Er beging ebenfalls ein kriminelles Delikt, indem er die Seite mit der falschen Unterschrift aus dem Heft riß, zusammenknüllte und eigenhändig in den Papierkorb schmiß. Dazu brummte er: »Dann müssen wir eben beide Tüten kleben gehen.« Aber er versprach sich und dem Sigi, daß sie beide von jetzt ab immer ehrlich sein wollen.

Der Sigi hat vor Freude ganz nasse Augen bekommen, und er strengte sich auch mächtig in der Stunde an. Zu mir sagte er, ich soll mich in Zukunft nicht mehr in seine Familienatmosphäre einmischen.

Unsere Lehrer haben seitdem eingesehen, daß man nicht nur schlechte Zensuren unterschreiben lassen darf, sondern auch die guten. Und so erleben wir manchmal, daß auch die Eltern sagen: »Das unterschreiben wir gern.«

Einige Eltern wie die von der Bärbel Patzig haben sich vielleicht schon an die guten Unterschriften gewöhnt, und sie machen sich nichts mehr daraus. Eines Tages passierte folgendes:

Die gute Bärbel vergaß einmal, ihre Eins den Eltern vorzulegen. Als das Fräulein Bella Kohl kontrollierte, fehlte die Unterschrift. »Du weißt wohl nicht, was sich gehört?« fauchte sie die Bärbel an. Das Bärbelchen bekam gleich ein Zittern, und das Fräulein Bella Kohl schrieb ihr ins Heft: »Unterschrift der Eltern!!!« mit drei Ausrufezeichen.

Da war was los. Darum brachte ich das weinende Bärbelchen nach dem Unterricht nach Hause und sprach zu seiner Mutter: »Sie dürfen sich jetzt nicht aufregen und müssen ganz, ganz stark sein!« Da weinten beide, die Bärbel und die erschrockene Mutter. Sie unterschrieb gleich und sagte, daß sie den Vater schonend darauf vorbereiten wird.

Am nächsten Tag war alles in Ordnung, und das Fräulein Bella Kohl sprach erzieherisch: »Warum nicht gleich so!«

Ich könnte noch mehr solche Beispiele erzählen, aber ich denke, das reicht. Nur einmal brauchten wir nach einem Vergehen keine Unterschrift von den Eltern mitzubringen, und das kam so:

Es lag der erste Schnee. Und als wir am Haus vom Herrn Luschmil vorbeigingen, blieb der Schweinesigi stehen und fragte: »Wollen wir eine Autogrammstunde geben? Wer am besten seinen Namen in den Schnee pinkeln kann, ist der Größte!« Wir machten uns an die Arbeit. Der lange Schücht schrieb am schönsten. Da kam plötzlich der Herr Luschmil um die Ecke und las die gelben Unterschriften.

Wenn er gemein gewesen wäre, hätte er gleich unsere

Eltern zusammentrommeln können und sie ebenfalls unterschreiben lassen müssen. Aber er drückte beide Augen zu und uns eine Schippe in die Hand, um die Ferkelei zu beseitigen. Aus Dankbarkeit durften wir gleich seinen Gehsteig mitschippen.

So kann man der frohen Hoffnung sein, daß man in Zukunft nicht mehr so großen Wert auf die Unterschriften der Eltern legt, sondern lieber mit ihnen über uns spricht. Das kann auch Ärger geben, aber vielleicht läßt sich mündlich manches besser erklären.

Die Beschreibung des Hammers

Nachdem unser Deutschlehrer, der Herr Kurz, einmal beim polytechnischen Unterricht zugesehen hatte, wußte er endlich, daß das Leben gar nicht so ist, wie er es immer schildert, sondern ganz anders. Er staunte, daß wir auch mit den Händen arbeiten können, und er nahm sogar selbst einen Hammer in die Hand und schlug damit ein paar Löcher in die Luft. Wir sind vorsichtshalber in Deckung gegangen, aber es ist nichts weiter passiert.

Das Unglück kam erst am nächsten Tag, als der Herr Kurz befahl, einen Hammer zu beschreiben. In der Klasse entstand ein freudiges Murmeln über die leichte Aufgabe, und so nahm ich ein frisches Blatt und schrieb: »Der Hammer besteht aus einem Stiel und dem Hammerkopf.« Weil mir der Aufsatz selbst ein bißchen kurz schien und der Herr Kurz ein künstlerischer Mensch ist, malte ich ihm zur Freude noch ein paar Blümchen und Schnörkel um die Beschreibung, so daß sie beinahe wie ein Schmuckblattelegramm aussah.

Als der Herr Kurz die Beschreibung zurückgab, sprach er zu mir und meinem Kunstwerk: »Soviel Faulheit gibt's nur einmal!« Er meinte, dafür hätte ich eigentlich eine Fünf verdient, aber weil er ein so gutes Herz hat, will er mir Gelegenheit geben, die Scharte auszuwetzen, indem ich bis morgen eine neue Beschreibung anfertige. Auch habe ich die Ehre, sie in der Klasse vortragen zu dürfen.

Am liebsten hätte ich geantwortet: Verlangen Sie das lieber nicht, Herr Kurz, denn es kann sein, daß danach Ihr Herz nicht mehr so gut funktioniert.

Ich hielt dann aber doch den Mund, denn man kann nie wissen, was einem Lehrer hinterher noch einfällt. So blieb mir nichts weiter übrig, als zu Hause den Hammer noch einmal vorzunehmen.

Nach zwei Stunden war ich fertig. Der Hammer auch. Denn er rutschte mir plötzlich aus der Hand und flog gegen die Kellerwand. Am meisten ärgerte ich mich, daß ich einen Vortrag darüber halten sollte. Dadurch ist die Beschreibung ein bißchen länger geworden, und sie ging so:

Der Hammer
Der Hammer ist ein Handwerkszeug. Er zerfällt in zwei Teile, in einen Stiel aus Holz und einen Hammerkopf aus Eisen. Der Stiel ist von unten gesehen oval gerundet und verläuft nach oben komisch. Das heißt, er wird immer dünner. Er ist 25 Zentimeter lang und mündet in den Hammerkopf. Damit der Hammerkopf nicht wackelt, ist oben im Stiel ein Keil reingetrieben.

Das wichtigste am Stiel ist seine Glätte, welche verhindert, daß man sich einen Splitter einreißt.

Der metallische Kopf hat links eine Breitseite oder auch Bahn genannt und rechts eine Schmalseite oder auch Finne genannt.

Die Breitseite dient zum Nägeleinschlagen. Man kann damit auch Nüsse knacken, Kellerasseln zermanschen und Schulbrötchen weichkloppen. Die Schmalseite ist zum Nageln nicht so sehr geeignet, weil man sich damit leicht den Daumen oder ein anderes Glied verletzen kann.

Es gibt aber auch Hämmer, welche rechts eine Breitseite haben und links eine Schmalseite. Darauf muß man beim Einkauf achten und den Verkäufer lieber vorher fragen, ob er auch Hämmer für linkshändige Kunden hat. So was gibt's. Manche Kunden haben sogar zwei linke Hände. Für die ist am besten ein Hammer mit zwei Breitseiten.

Damit bin ich beim Umgang mit dem Hammer angelangt. Der Umgang mit dem Hammer hängt von der Bildung ab. Wissenschaftler, Lehrer und andere schönsprechende Persönlichkeiten fassen den Hammer meistens in der oberen Hälfte des Stieles an, und das geht so vor sich:

Die rechte Hand greift saugend und schraubend um den geglätteten Stiel aus Holz, und zwar so, daß die vier Finger der rechten Hand links am Stiel sichtbar werden und eine geschlossene Einheit bilden. Der Daumen ist rechts, weil er an der rechten Hand immer links sitzt. Dabei hat der Daumen zwei Hauptfunktionen zu erfüllen. Entweder legt man ihn aufrecht an den Stiel, wodurch man die Führung des Hammers verstärken kann, oder auf den rechten Zeigefinger, wodurch die Hand am geglätteten Stiel einen festeren Halt bekommt.

Bei einem linkshändigen Hammerschläger ist es umgekehrt. Nachdem er sich überzeugt hat, daß die Breitseite des Hammerkopfes rechts ist, greift die linke Hand ebenfalls saugschraubend um den Stiel, so daß die vier Finger der linken Hand rechts am Stiel erscheinen und der Daumen links zur Anlage kommt, entweder gestreckt oder auf dem linken Zeigefinger ruhend, je nachdem.

Damit ist die Vorbereitung auf den Umgang mit dem Hammer beendet. Jetzt muß der Mensch überlegen, was er mit dem Hammer überhaupt will. Entweder er holt aus und knallt wild drauflos, oder es fällt ihm rechtzeitig ein, daß zur Reparatur eines Fernsehapparates oder einer Armbanduhr vielleicht eine Schlagbohrmaschine geeigneter ist. Wenn er keine hat, muß er sich eben im nächsten Heimwerkerladen eine kaufen.

Aber ich möchte nicht abschweifen und zum Hammer zurückkehren.

Im Gegensatz zu den geistlich Schaffenden faßt ein Arbeiter oder Handwerker den Hammer ganz anders an, nämlich am unteren Ende des oval gerundeten und geglätteten Stiels. Und zwar ebenfalls saugschraubend, nur mit dem Unterschied, daß er es nicht weiß. Jetzt taucht vielleicht die Frage auf, wieso unten? Das läßt sich wissenschaftlich erklären, nämlich mit dem Hebelgesetz. Dieses bedeutet, je länger der Kraftarm, um so weniger braucht man sich anzustrengen.

Das komische dabei ist, daß ein Arbeiter gar nicht an das Hebelgesetz denkt und es trotzdem richtig macht, dagegen eine studierte Persönlichkeit das Hebelgesetz auswendig dahinsagen kann, dafür aber bei der Anwendung Schwierigkeiten hat. Dazu ein Beweis:

Nehmen wir an, die gebildete Person möchte einen vierzölligen Nagel irgendwo reinhauen. Sagen wir in ein dickeres Brett oder einen Sarg. Sarg heißt das heute eigentlich nicht mehr, sondern Erdmöbel. Was ist dabei zu beachten?

Zuerst muß man den richtigen Abstand von den Pupillen bis zum Nagelkopf einhalten, daß heißt nach Vorschrift mindestens 30 Zentimeter. Deshalb muß man immer einen Zollstock bei sich haben.

Weiter: Bei einem vierzölligen Nagel müßte der gebildete Hammerschläger, wenn er den Stiel in der oberen Hälfte anfaßt, vielleicht 30mal zuhauen, bis er drin ist. Bei zehn Nägeln macht das 300 Schläge. Das halten nicht viele durch. Manch einer spart sich diese Anstrengung, indem er sich vorzeitig auf den Daumen knallt und für den Rest des Tages oder länger keinen Hammer mehr anfaßt.

Ein Arbeiter oder anderer Hammertätiger dagegen braucht bei der unteren Anfassung des Stieles nur zehnmal zuzuhauen, schon ist der Nagel verschwunden. Manchmal auch der Daumennagel, aber dann schimpft er nicht auf das Hebelgesetz, sondern auf den Brigadier, der ihm diese dämliche Arbeit verpaßt hat, und er hämmert weiter.

Damit möchte ich zum historischen Teil des Hammers übergehen. Er entstand schon in der Steinzeit, nämlich aus Stein. Erst mit der Entdeckung der Erze bekam der Hammerkopf seine metallische Gestalt, und diese hat sich bis heute nicht viel verändert, auch nicht im Sozialismus. So kommt es, daß uns der Hammer durch den ganzen polytechnischen Unterricht begleitet und aus unserem gesellschaftlichen Leben nicht mehr wegzudenken ist. Vielleicht entstand daraus das Sprichwort, welches uns der Herr Burschelmann immer zuruft, nämlich: »Ihr seid ganz schön behämmert!«

Zusammenfassend kann man also zu diesem Kapitel sagen: Neue Werkzeuge kommen und gehn, aber der Hammer bleibt!

Als ich mit meinem Vortrag fertig war, war der Herr Kurz auch ganz schön fertig. Doch hatte er noch die Kraft, mir zuzurufen: »Es reicht. Noch so eine Beschreibung, und ich kündige!«

Ich dachte hinterher, wie man's macht, ist es falsch. Dabei soll der Herr Kurz doch froh sein, daß er nicht auf die Idee kam, einen Industrieroboter beschreiben zu lassen oder vielleicht sogar einen Holzhammer. Dazu wäre mir als jungem Agitator noch viel mehr eingefallen.

Unsere Arbeitsgemeinschafts-situation

Große Ereignisse schmeißen ihren Schatten voraus. Diesmal war es der Schatten von unserem Pionierleiter Alfons. Er tippte mir auf die Schulter und ließ seinen Goldzahn blinken. Als er sprach: »Hör mal, Ottokar, ich hab da so eine Idee ...«, da wußte ich, daß wieder eine Aufgabe auf mich zukam. Am liebsten wäre mir schlecht geworden, aber das klappt auch nicht immer so, also hörte ich mir die Idee an. Sie bestand darin: Weil unsere Gruppe im vorigen Jahr eine schöne Wandzeitung über unser Schulfest erstellt hatte, sollten wir auch diesmal eine solche gestalten. Über die Tätigkeit unserer Arbeitsgemeinschaften.

»Das bringt unseren ganzen Plan durcheinander«, sagte ich. »Denn wir haben uns vorgenommen, erstens im Piondiercafé für Nachschub zu sorgen, zweitens sind einige von uns als Toilettenverantwortliche eingeteilt, damit die Eltern und andere hohe Gäste bei ihrem Anblick nicht umfallen, und drittens bekamen wir den Auftrag, beim Fußballspiel der Schülerauswahl Stimmung zu machen. Wir haben uns schon Kampfsprüche ausgedacht.«

Pilei Alfons öffnete wieder seinen goldenen Mund und erwiderte, ich brauch nur ein paar Reporter einzuteilen, und das Fußballspiel können wir dabei auch gleich beschreiben. Hauptsache, ich laß mir was einfallen, und wenn die Wandzeitung besonders gut und vielleicht sogar lustig ist, dann wird sie zur Kreisausstellung geschickt. Das gibt Pluspunkte.

Weil ich mir aus Pluspunkten nichts mache, ist mir zwei Tage lang nichts eingefallen. Erst am dritten Tag.

Meine Idee bestand darin: Man muß den jungen Reportern Gelegenheit geben, einmal über das zu schreiben, wovon sie nichts verstehen. So was kommt auch im Leben vor. Die Lehrer fackeln ja auch nicht lange, wenn man etwas nicht kapiert. Sie sagen einfach: Na, dann mußt du es eben üben!

Es dauerte ziemlich lange, bis ich jeden überzeugt hatte. Die brave Bärbel fragte: »Muß ich wirklich über das Fußballspiel berichten? Das kann doch der lange Schücht viel besser!« Ich antwortete, der lange Schücht könnte das auch, aber der schreibt immer so kriegerisch mit Angriff und Abwehr und Offensive und so was, na eben wie eine Schlacht. Du als unsere Klassendichterin siehst das viel schöner, mehr kulturvoll, und so einen Fußballbericht hat bestimmt noch keiner gelesen. Da war die Bärbel geehrt und hatte keine Angst mehr.

Solche Diskussionen hatte ich mit den anderen Reportern auch. Sie meinten, na ja, ich kann's ja mal versuchen, aber wenn es schiefgeht, geben sie mir die Schuld. Damit war ich einverstanden.

Als das Fest vorbei war und alle ihren Artikel abgeliefert hatten, klebte ich sie auf, richtig mit Überschrift, wie in der Zeitung. Hier die Fußballreportage:

Ein Jubellaut stieg empor

Von Bärbel Patzig, Mitglied des Gruppenrates
und der Arbeitsgemeinschaft Junge Dichter

Ein Höhepunkt des Schulfestes war das Fußballspiel. Auf dem sonnenüberfluteten viereckigen Platz standen sich zwei Mannschaften gegenüber, unsere und die von der 2. Oberschule. Die Gäste waren gelb bekleidet, unsere waren blau. Elastisch verfolgten sie den wirbelnden Ball. Die Zuschauer sangen dazu Lieder und riefen im Chor aufmunternde Verse. Zum Beispiel: »Heizt den Gelben tüchtig ein, der Pokal muß unser sein!« Auch teilten manche ihre Meinung über einzelne Spieler mit, leider nicht mit schönen Ausdrücken.

Als wir dann aber doch gewonnen haben, stieg ein Jubellaut im weiten Rund des Platzes empor. Stolz leuchteten die Antlitze unserer tapferen Kämpfer, und der Herr Direktor Keiler überreichte ihnen funkelnd den Pokal. »Macht weiter so!« rief der Herr Direktor. Jetzt steht er in einer Glasvitrine auf dem Flur. Alle dürfen ihn bewundern, aber nicht anfassen. So ziehen wir jeden Tag stolz vorbei und denken: Diese Trophäe haben wir verdient!

Es waren auch kritische Berichte dabei. Warum nicht, dachte ich mir. Das Schülerleben ist so kurz, und die Reue danach soll so lang sein; denn unsere Eltern und Lehrer sagen ständig: Ihr werdet noch einmal bereuen!

Vielleicht war dem langen Schücht die Aufgabe, den Dramatikerzirkel zu beschreiben, ein bißchen ungewohnt. Aber er hat sich Mühe gegeben, seine Schlachtausdrücke zu vermeiden und die Kritik etwas sanfter zu formulieren. So kann keiner sagen, er hat die Schauspieler vor den Kopf geknallt. Im Gegenteil, er hat ihnen Mut gemacht, noch besser zu werden. Das kann man schon an der Überschrift erkennen:

Nach der Halbzeit kam Schwung hinein
Wie Robert Schücht,
Verantwortlicher für Altstoffsammlung
und Fußballfan,
den Dramatikerzirkel erlebte

Das Theaterstück hieß König Drosselbart. Es kam zuerst schwer in Gang. Ein Fehler nach dem anderen, kein Zusammenspiel. Der alte König war eine steife Krücke, und die Prinzessin verpaßte mehrmals den Anschluß. Auch ihre Beinarbeit war nicht besonders. Einmal knallte sie hin. Das war aber kein Foul, sondern ihre Schleppe, in welcher sie sich verheddert hat. Dadurch gab es eine Spielverlängerung.

In der zweiten Halbzeit kam mehr offensiver Schwung hinein. Eindeutiger Favorit war der junge König Drosselbart, weil er sich nicht mehr an das Konzept hielt, sondern sich freispielte und durchging. Die Prinzessin hätte eigentlich die gelbe Karte verdient. So was Streitsüchtiges! Aber sonst kann man sagen, es war keine schlechte Paarung. Ich habe schon miesere Paarungen gesehen. Vielleicht muß man überlegen, ob man nicht den Trainer des Zirkels auswechselt. Dauernd sagte er von hinten vor, und so kam es zu Mißverständnissen.

Mein Freund Harald besuchte die Ausstellung der Jungen Aquarianer. Er meinte, einen Bericht kann er darüber nicht schreiben, weil er die Namen der Fische nicht behalten hat. Und was geschrieben steht, muß richtig sein, sonst regen sich die Fachleute auf. Das stimmt. Deshalb schlug ich ihm vor, vielleicht so was wie eine politische Belehrung anzubringen, sagen wir unter der Überschrift: Standpunkt. Er braucht dann nicht seinen ganzen Namen darunterzusetzen, sondern bloß die Anfangsbuchstaben. Das geschah, nämlich so:

Standpunkt
Wem nutzt das?

Man kann nicht sagen, daß die Jungen Aquarianer unnötig sind. Das nicht, man braucht sie zur Verschönerung von Ausstellungen. Ihre Zierfische sind ja auch nicht schlecht. Aber politisch gesehen muß man sich fragen: Wem nutzt das? Denn zur Versorgung der Bevölkerung mit frischen Fischen im Konsum tragen sie nicht bei, auch nicht zur Verteidigung unserer Republik. Denn nicht einer von den Jungen Aquarianern will Berufsoffizier werden oder wenigstens drei Jahre bei der Volksmarine dienen. So gesehen, kann man ihre Tätigkeit so und so sehen.

H. S.

Weil zu einer schönen Wandzeitung auch ein bißchen Kultur gehört, gab ich dem Schweinesigi den Auftrag, über die Jungen Poeten zu schreiben. Erst fragte er wie immer: »Warum gerade ich?« Aber dann sah er ein, daß es für seine Bildung nicht schlecht ist, wenn er sich einmal mit Höherem beschäftigt und nicht nur mit seinen Ferkeln.

Eigentlich hab ich mich gewundert, daß die Dichtermädchen den Schweinesigi dort überhaupt reingelassen haben. Aber dann beschrieb er doch sehr schön sein Erlebnis. Ich sagte, das wird ein Leserbrief. Sigi war einverstanden, auch daß ich ihm seine Rechtschreibfehler ausgebessert habe.

Leserbrief
Das Leben ist ganz anders.

Die Jungen Poeten haben sich gegenseitig ihre Gedichte vorgelesen und bewundert. Die meisten bedichteten die Sonne, einige beschäftigten sich mit Blumen, Schmetterlingen und Vögeln, einige schrieben auch über die Mutter oder die Freundin oder über sich selbst. Eine Dichterin fragte in ihrem Gedicht dauernd: Wer bin ich? Dabei kam heraus, daß sie gar nicht wußte, wer sie ist, obwohl sie jeder kennt. Es war die zickige Tina Schlampus aus der 9a. Trotzdem sagte die Leiterin Frau Schulz-Wimperling glücklich: »Sehr schön!«

Über unsere Produktion im Territorium hat kein Aas was geschrieben. Deshalb hab ich mal etwas gereimt. Es geht so:

Bei uns zu Haus
miste ich meistens den
individuellen Stall aus.
Denn Sauberkeit muß sein
beim Menschen und beim Schwein.

Aber ich weiß, daß so was nicht gedruckt wird.

Siegfried Schiller
Klasse 6a

Die dicke Mia war die faulste Reporterin. Ich habe sie extra zu den Jungen Bastlern geschickt, weil ich dachte, sie bekommt dann Lust, auch mitzumachen, sagen wir für die MMM. Aber was kam raus? Nur das hier. Deshalb klebte ich ihr Geschreibsel unter die Überschrift:

Was sonst noch passierte

Bastelstand war doof. Wegen eines Hampelmanns standen die dort an. Zuerst wollte ich auch einen basteln, aber da kam meine Mutter und sagte: Hast du das nötig? Wenn du einen Hampelmann willst, geh zu deinem Vater!

Miriam v. Pißnack

Damit man mir nicht nachsagt, ich hätte bloß Befehle gegeben und selbst nichts gemacht, schrieb ich wenigstens noch einen Leitartikel. Mit roter Tusche, damit er auffällt.

Unser Schulfest

Das Schulfest fand am 17. Mai statt im Beisein der Eltern, des Herrn Bürgermeisters und anderer hoher Persönlichkeiten. Es stand im Zeichen des bevorstehenden Sommers und der MMM im Herbst. Deshalb der Schwerpunkt Arbeitsgemeinschaften. Hier könnte die Situation besser sein. Denn wandernde Pokale, Königskinder, Kaulquappen, Schlampusse und Hampelmänner tragen nicht zur Steigerung von Wissenschaft und Technik nebst Produktion bei. Deshalb muß man fragen: Kann die Arbeitsgemeinschafts- und MMM-Situation bei uns so weitergehen? Ich denke nein. Darum vorwärts zu neuen Taten und Aufgaben.

Ottokar Domma
Gruppenratsmitglied und Verantwortlicher
für die Wandzeitung und Junge Agitation

Soviel Besuch hatten wir noch nie, als die Wandzeitung hing. Es kamen Delegationen aus allen Klassen und auch die Lehrer. Als das Fräulein Heidenröslein die Berichte las, kriegte sie einen Hustenanfall und weinte. Auch die anderen bekamen Zuckungen, besonders im Gesicht und in anderen Körperteilen. Der Herr Burschelmann mußte gleich danach auf die Toilette. Nur unser Pilei Alfons meinte ein bißchen traurig: »So kann man die Wandzeitung nicht zum Kreis schicken.«

Dachte ich mir doch, und ich kann mir auch denken warum. Weil ich die Rede vom Herrn Keiler vergessen habe. Aber er hat sich bis heute noch nicht darüber aufgeregt, und wir grüßen uns noch gegenseitig, sogar freundschaftlich.

Ein Besuch bei den Soldaten

Auf dem letzten Pioniernachmittag unterhielten wir uns über die Exkursion zu den Soldaten. Eigentlich haben wir sie nur besucht, aber Exkursion klingt besser und bringt mehr Punkte bei den Pionieraktivitäten ein. Eigentlich war es gar nicht unsere Aktivität, sondern die vom Fräulein Heidenröslein, weil sie einen Offizier gut kennt. Aber wenn man es nicht weiß, kann man das ruhig als unsere Aktivität bezeichnen. Nach dem Besuch mußten wir noch einmal darüber sprechen, weil eine Lehrerin ganz unglücklich ist, wenn sie nicht alles auswertet. Deshalb fragte sie: »Nun erzählt mal, was euch am besten gefallen hat!«

Ich war eigentlich gar nicht darauf eingestellt, sondern mehr auf eine Diskussion über Disziplin, Ordnung und gutes Lernen, und während ich in meinem Kopf noch umschalten mußte, reckten die Mädchen schon die Arme und schnippten mit den Fingern. Die Sonja Zunder war am gierigsten darauf, als erste zu antworten. Sie wippte auf und ab wie eine Zirkusreiterin. Das konnte das Fräulein Heidenröslein nicht mehr länger mit ansehen. Ich ahnte schon, was jetzt kommt, und richtig, die Sonja trompetete mit ihrer Blechstimme: »Am besten gefielen mir die Jungs, ich meine die Soldaten und der junge Leutnant, weil er ... na, Sie wissen schon, was ich meine.«

Das Fräulein Heidenröslein wußte aber nicht, was die Sonja meinte, und fragte sie danach. Aber die Sonja kicherte blöd und guckte nach hinten zur dicken Mia.

Mein Freund Harald rief: »Die meint wahrscheinlich, der Leutnant war sexi!«

»Du bist nicht gefragt«, sagte das Fräulein Heidenröslein zum vorlauten Harald und nahm die brave Bärbel dran. Diese hatte gerade einen Frosch im Hals, und als sie ihn runtergeschluckt hatte, antwortete sie: »Mir hat die Ordnung gefallen. Vor den Häusern der Soldaten war schön geharkt.«

»Das heißt nicht Häuser, sondern Unterkünfte!« verbesserte ich die Bärbel.

»Antworte bitte, wenn ich dich aufrufe!« wies mich die Lehrerin zurecht und nickte der Bärbel zu, daß sie weiterspricht.

»Also vor den Häu ... ich meine Unterkünften, war schön geharkt, auch in den Fluren und Zimmern ...«

»Das heißt Stuben!«

Das Fräulein Heidenröslein sah mich sträflich an, und die Bärbel redete weiter:

»... und Stuben war es blitzblank sauber, die Betten ganz glatt!«

»Weiter, Robert!« Der lange Schücht erhob sich wie eine langsame Schraube und ergänzte: »Also mit den Betten ist das so: Ich habe nachgeguckt. Die meisten Soldaten haben zusammengefaltete Zeitungen in die Kante geschoben, damit die Decke scharf und gerade wird. Das ist keine Kunst.«

»Das stimmt. Auch in den Schränken ...«

»Das heißt Spinde!« rief ich der Jule zu.

»... na ja, also auch in den Spinden war die Wäsche ganz glatt geschichtet. Wie ein Paket!«

»Und hinter der glatten Wäsche«, rief der Schweinesigi dazwischen, »sah ich bei einem zerknüllte Socken, Seife, eine angeknapperte Keksschachtel und einen dreckigen Kamm!«

»Und in einem schön geputzten Stiefel stand eine leere Bierflasche, aber sehr ordentlich!« ergänzte ich.

Das Fräulein Heidenröslein verdrehte die Pupillen und sprach zu mir: »Wie oft soll ich dir noch sagen, du sollst nur reden, wenn du gefragt bist? Hast du mich verstanden?«

»Zu Befehl!« sagte ich. Die Lehrerin hatte wohl an der Aufzählung der Ordnungen schon genug und wollte jetzt wissen, was wir daraus lernen können. Am meisten haben die Mädchen daraus gelernt, und ich durfte dann endlich auch einmal etwas sagen: »Daraus kann man weiter lernen, daß es zwei Ordnungen gibt, eine zum Vorzeigen und eine zum täglichen Gebrauch. Darum braucht der Soldat zwei Kämme, einen sauberen und einen dreckigen, genauso wie wir zwei Hefte für fast jedes Fach brauchen, ein Schmierheft und eins für Ausstellungen. Der Soldat braucht auch zwei ...« Aber das Fräulein Heidenröslein hatte genug von meinen Beispielen und ging zu Disziplin über: »Was ist euch dabei aufgefallen?«

»Die Soldaten müssen die Vorgesetzten grüßen«, sagte der Pillenheini.

»Und sie sind sehr höflich«, ergänzte die Bärbel. »Wenn ein Offizier rumstand, fragten die Soldaten immer, ob sie vorbeigehen dürfen.«

Nun kam ich wieder dran: »Das ist eine sehr schöne Eigenschaft, und man könnte sie auch in der Schule einführen. Aber daraus wird nichts wegen dem uneinheitlichen Lehrerkollektiv!«

»Wie meinst du das?« fragte das Fräulein Heidenröslein neugierig. Und ich antwortete: »So, wie es ist. Heute früh stand mir im Flur das Fräulein Bella Kohl im Weg. Ich fragte sie: Gestatten Sie, daß ich vorbeigehe? Sie sah mich ganz erschrocken an und machte Platz. Dann sah ich den Herrn Kurz vor der Wandzeitung stehen. Gestatten Sie, daß ich vorbeigehe? sprach ich ihn von hinten an. Er drehte sich um und fragte, ob ich ihn veräppeln will. Und vor dem Lehrerzimmer unterhielt sich gerade der Herr Burschelmann mit Frau Seidenschnur über Stachelbeeren. Gestatten Sie, daß ich vorbeigehe, fragte ich wieder. Und was geschah? Der Herr Burschelmann zeigte mir einen Vogel. Ist das vielleicht eine einheitliche Lehrerhöflichkeit?«

Das Fräulein Heidenröslein schneuzte sich, und mein Freund Harald faßte danach dieses Kapitel zusammen, indem er sprach: »Man muß die Disziplin bei den Soldaten anders sehen als bei uns. Bei den Soldaten ist sie Pflicht, sonst geht alles drunter und drüber. Bei uns dagegen herrscht eine bewußte Disziplin, sonst ginge alles noch mehr drunter und drüber als jetzt.«

Wir merkten, daß unser Fräulein Heidenröslein nicht mehr ganz mitkam. Sie schnappte nach Luft, und als sie wieder ein bißchen sprechen konnte, wollte sie nur noch wissen, was uns sonst gefallen hat. Das war unterschiedlich. Dem Pillenheini gefielen die angeklebten nackten Mädchen an einer Spindtür, der Sonja die Kraftübungen eines Soldaten. Er stemmte sie nämlich fünfmal, und als er sie wieder freiließ, sagte er, daß er so was jeden Tag mit Sandsäcken macht. Dem langen Schücht gefielen die Waffen und die Technik und der dicken Mia das Essen: »Ein Soldat gab mir seinen Pudding, und ich ihm dafür meine Adresse.«

Die Auswertung ist viel zu schnell vergangen, und als wir gingen, begleitete ich das Fräulein Heidenröslein noch ein Stück, weil wir fast den gleichen Weg haben. »Du hast dich ja gar nicht mehr gemeldet«, meinte sie, »wußtest wohl nichts mehr zu sagen.«

»Doch, wußte ich, aber ich verrate es nicht.«

»Und warum nicht?«

»Weil es GVS ist.«

»Oh, was heißt denn das, GVS?«

»Das ist militärisch und heißt geheime Verschlußsache.«

Das Fräulein Heidenröslein zog einen schmolligen Mund und seufzte. Da bekam ich ein Mitleid mit ihr und zupfte sie am Ärmel: »Also, wenn Sie es niemandem weitersagen und schwören.«

»Ich schwöre!«

»Lehrerehrenwort?«

»Lehrerehrenwort!«

»Na schön. Als ich noch einmal zur Garderobe zurück mußte, weil ich meinen Beutel vergessen hatte, da sah ich, wie Sie sich mit dem Genossen Leutnant zum Abschied küßten, aber wie!«

Das Fräulein Heidenröslein wurde ganz rot im Gesicht und gab mir einen Nasenstüber. Aber sie war nicht böse und winkte mir nach.

Wir werden ja sehen, ob sie das Geheimnis für sich behalten kann. Wenn nicht, dann weiß ich Bescheid.

Damit wir nicht auf dumme Gedanken kommen

Im Leben ist es so: Man will nicht immer, wie man kann, und umgekehrt, man kann nicht immer, wie man will. Mein Freund Harald meint, das hängt vom Wetter ab, aber ich denke, nicht nur.

Wenn ich von mir ausgehe, dann muß ich selbstkritisch sagen, daß ich nicht immer so lernen will, wie ich könnte. Das kommt daher, weil unsere Lehrer die schöne Eigenschaft haben, das Leben eines Schülers durch Hausaufgaben zu veredeln. Ich habe einmal gelesen, daß die Lehrer wie Gärtner sein sollen. Sie bedüngen uns und berieseln und beschneiden und beharken uns, damit wir gesellschaftlich nützliche Pflanzen werden. Deshalb denken sie, je mehr Hausaufgaben, um so besser für uns. Und ihre Begründung lautet meistens: »Damit ihr nicht auf dumme Gedanken kommt!«

Da ist was dran. Wenn ich nämlich nach dem Unterricht nach Hause schlendere, dann kommt mir öfter der dumme Gedanke: Jetzt mach ich, was ich will. Ich denke an meine Briefmarken oder an Basteln oder an Angeln oder an ein bestimmtes Buch, das ich lesen möchte, oder an eine Erfindung, die ich mir schon lange vorgenommen habe, zum Beispiel an eine Schulklingel, die nicht so ekelhaft schrillt, sondern ein Lied von sich gibt, sagen wir: »Wachet auf, wachet auf...« oder so was.

Aber immer, wenn einem so schöne Gedanken durch den Kopf gehen, kommt plötzlich die Erinnerung an die Hausarbeiten, und die Stimmung ist hin. Mit meinem Freund Harald hab ich mich darüber auch schon unterhalten. Er meinte, man müßte eine Kinder-ABI gründen, die dafür sorgt, daß wir nicht zuviel Aufgaben aufbekommen. Aber wer macht den Vorsitzenden? Oder man müßte wenigstens so was wie ein Klagezimmer einrichten, wo man sich gegenseitig bejammern kann. Aber das Richtige ist das auch nicht. Mir reicht es schon, wenn ich mal ins Lehrerzimmer muß.

Bei schönem Wetter wird mein Wille für Hausaufgaben noch schwächer. Dann möchte ich am liebsten in den

Wald gehen, Pilze suchen, Rehe beobachten oder die Vögel belauschen. Manche kann ich schon nachpfeifen. Das hat mir der Herr Weise beigebracht. Er ist ein alter Lehrer und Naturfreund, und er hat recht, wenn er sagt: »Wer sich einmal mit Vögeln befaßt hat, kann sein Leben lang nicht mehr davon lassen.« Aber der Herr Weise ist schon lange Rentner und klapperig und kann auch nicht mehr so, wie er will.

Aber wenn ich an die Hausaufgaben denke, vergeht einem dazu die Lust. Trotzdem pfeif ich manchmal darauf. Nur kommt nichts Gutes dabei heraus. Wenn man Glück hat, guckt sie der Lehrer nicht nach, und wenn man Pech hat, verlangt er, daß wir sie gegenseitig nachgucken. Oder man hat einen verständnisvollen Banknachbarn. Der Harald ist nicht so. Er macht dann manchmal die Stimme vom Herrn Kurz nach und spricht: »Eigentlich hast du meine Gutmütigkeit nicht verdient, aber ich will mal beide Augen zudrücken.« Wenn dagegen ein Lehrer durch die Reihen geht und feststellt, daß die Hausaufgabe fehlt, dann muß man sich eben eine schöne Ausrede einfallen lassen. Aber die meisten Lehrer glauben sie ja doch nicht.

Einmal hab ich mir sogar die Hand verbunden. Die Frau Seidenschnur guckte nach, und als sie meine Hand sah, sagte sie: »Ach, deshalb konntest du keine Aufgaben machen. Wie ist denn das passiert?« Ich antwortete: »Ist nicht schlimm. Ist ja kein Blut, sondern bloß Marmelade, was da durchschimmert.« Das war die reine Wahrheit. Aber die Frau Seidenschnur glaubte sie mir auch nicht und erließ mir sogar die neuen Aufgaben.

Es ist ja auch so unterschiedlich. Das Fräulein Bella Kohl zum Beispiel stellt uns im Unterricht so viel Fragen, und wir müssen dann immer raten, was sie hören will. Und so vergeht die Zeit, und dann klingelt es, und das Fräulein Beila Kohl merkt jetzt, was sie nicht geschafft hat, und gibt uns als Ersatz Aufgaben auf. Meistens aus dem Lehrbuch, wo wir etwas abschreiben sollen. Wehe, wir haben diese Abschreibe vergessen! Gleich gibt es eine Predigt, und die besonders vergeßlichen Schüler dürfen außerdem einen Aufsatz schreiben zu dem Thema: »Warum ich meine Hausaufgaben anfertigen muß.« Solche Aufsätze werfe ich nie weg, man kann sie immer wieder verwenden.

Am liebsten habe ich Hausaufgaben, über die man nachdenken muß. Der Herr Kurz zum Beispiel ist darin ein Meister. Einmal lautete ein Aufsatzthema: »Weise anhand von Defoes Robinson Crusoe nach, daß sich die Menschwerdung im Prozeß der Tätigkeit und in der Auseinandersetzung mit der Natur vollzieht!« Das ist eine Aufgabe! Ich weiß nicht, wie lange ich dazu gebraucht habe, erst einmal herauszukriegen, was der Herr Kurz überhaupt meint.

Mein Vater schlug vor, das Werk von Friedrich Engels über die Menschwerdung des Affen zu lesen. Danach empfahl er mir Marx und Lenin und alles so schwere Bücher, aber der Aufsatz sollte schon am nächsten Tag abgeliefert werden, und da war die Zeit zu kurz. Schade! So fragte ich die älteren Schüler, ob sie das Thema kennen. Sie sagten ja, das kommt immer dran beim Herrn Kurz. Zum Glück hatte einer noch eine Rohschrift davon.

Unser bequemer Herr Burschelmann dagegen hält nicht viel von Hausaufgaben. Er triezt uns lieber im Unterricht. Erst gestern hat er sich wieder so ein Ding geleistet. Wir mußten Flächen berechnen. Fast jeder kam dran. Nach der Stunde sagte der Herr Burschelmann: »Mir reicht's für heute!« Wir antworteten: »Uns auch.«

Aber dann stand er noch ein bißchen rum und kratzte

sich am Kopf und sprach in die Klasse hinein: »Ich müßte ja eigentlich mal meinen Flur tapezieren. Weiß einer von euch, wieviel Tapete man dazu braucht?«

Wir fragten: »Wie groß ist denn der Flur?«

Der Herr Burschelmann guckte in sein Notizheft und nannte uns die Ausmaße.

Was meint ihr, wie froh der Herr Burschelmann war, als wir ihm am nächsten Tag sagen konnten: »Sie brauchen vier Rollen«, und wir rechneten es ihm vor. »Aber nehmen Sie ruhig eine Rolle mehr. Wenn Sie was versauen, haben sie wenigstens Ersatz.«

Der Herr Burschelmann bedankte sich, und wir waren froh, daß wir ihm helfen konnten. Das beweist, daß wir auch ohne Hausaufgaben nicht auf dumme Gedanken kommen.

Ende gut und schon wieder alles gut

Der Tag fing so schön an. Die Sonne schien, der Harald erzählte mir unterwegs von einem neuen Buch, der Schweinesigi zeigte mir sein 25. Taschenmesser, das er eintauschen wollte, ganz bestimmt mit Beschiß. Der Herr Luschmil hatte Aufsicht. Er sah uns freundlich nach. Die Sonne schien durch die blanken Scheiben, es roch nach Bohnerwachs.

Als es klingelte, kam das Fräulein Bella Kohl. Sie schaute zum Fenster hinaus und sagte: »Ach, ist das ein schöner Tag! Am liebsten möchte ich mit euch spazierengehn, aber leider ...« Sie seufzte. Danach ging sie durch die Bankreihen, um die Hausaufgaben zu überprüfen. Alle hatten sie, nur der Schweinesigi nicht; »Na, wo haben wir denn unsere Aufgabe?« fragte das Fräulein Bella Kohl ganz freundlich. Alle wunderten sich, weil sie auf den Sigi sonst nicht so gut zu sprechen ist.

Der Sigi dachte, eine Eintragung ist mindestens fällig, und weil er sich damit abgefunden hat, antwortete er ziemlich pampig: »Wo Sie Ihre Aufgabe haben, weiß ich nicht, meine hab ich vergessen.«

Gleich kommt ein Gewitter, dachten wir. Aber die Sonne schien wie vordem vom blauen Himmel, und das Fräulein Bella Kohl stand einen Augenblick da wie weg. Dann war sie wieder bei sich und sprach mit einem künstlerischen Lächeln: »Ach so, verstehe. Ich hätte die Frage nicht im Plural stellen sollen, es geht ja um deine Aufgabe. Für deine schlagfertige Antwort bekommst du sogar ein Lob, aber die Hausaufgaben machst du nach, ja?«

Der Sigi wurde ganz rot und wußte nicht mehr, wo er hinschauen sollte. Er ließ sich vom Pillenheini zwicken. Aber es war kein Traum. Das brachte ihn erst recht durcheinander, und er arbeitete in der Stunde mit wie verrückt. Als er endlich einmal drankam, gab er zwar eine falsche Antwort, wofür er aber keine Note erhielt, sondern nur den Hinweis, gut aufzupassen und noch einmal im Buch nachzulesen.

Alle sprachen in der Pause über dieses Ereignis. Der lange Schücht fragte den Sigi, ob sein Vater dem Fräulein Bella Kohl vielleicht ein Ferkel geschenkt hat? Aber der Sigi saß da wie behämmert und schüttelte den Kopf. Der Harald meinte, dafür gibt es nur eine Erklärung. Entweder ist das Fräulein Bella Kohl verliebt, oder die Sonne hat sie von innen her erwärmt. Normal ist es jedenfalls nicht.

Wir schlossen uns dieser Meinung an und hätten auch nicht mehr darüber nachgedacht, wenn nicht plötzlich noch vor dem Klingeln der Herr Luschmil aufgetaucht wäre. Er beginnt meistens mit einer Meckerei über schmutzige Tafeln, die er nicht ausstehen kann. Aber diesmal sagte er: »So ein schöner Tag und diese mistige Tafel! Wer hat Klassendienst?«

Der Schweinesigi meldete sich. Auch das noch, dachte ich. Der hat aber auch ein Pech. Der Sigi stand ein bißchen geduckt da und erwartete sehr mutig seine Predigt. Aber der Herr Luschmil zeigte nur zur Tafel und sagte: »Beeil dich, es wird gleich klingeln.« Der Sigi wischte wie der Teufel. Er wartete auf die Eintragung ins Klassenbuch. Nichts geschah, im Gegenteil, bei einer richtigen Antwort bekam er später sogar eine Eins.

In der großen Pause kam Sigi nicht mit auf den Hof, sondern ging gleich in den anderen Unterrichtsraum und wischte dort wie verrückt die Tafel und die Fensterbretter.

»Das kann nicht gutgehen«, sagte ich zum Harald. »Entweder ist der Sigi übergeschnappt oder die Lehrer.«

»So«, sagte ein langer Schatten. »Wiederhole das noch einmal!« Es war der Herr Kurz, der plötzlich wie ein Baum neben uns stand. Weil man tun muß, was ein Lehrer verlangt, wiederholte ich: »Wir haben uns bloß darüber gewundert, wie die Lehrer noch normal bleiben können, wenn sie dauernd mit übergeschnappten Schülern zu tun haben.«

Der Herr Kurz schaute mir tief in die Augen und ging ohne ein Wort weg, obwohl er sonst Wert darauf legt, das letzte Wort zu haben.

Vor lauter Nachdenken über das Verhalten der Lehrer wußte ich gar nicht mehr, wie ich in die Klasse kam. Ich war erst wieder bei mir, als der Herr Kurz rief: »Das Aufstehen gilt auch für den Ottokar!«

»Hat der mich wirklich beim Vornamen genannt?« erkundigte ich mich bei der Bärbel.

»Ja«, flüsterte sie zurück, »es muß ein Unglück oder ein freudiges Ereignis bei ihm passiert sein. Normal ist es nicht.«

Der Herr Kurz überprüfte wie immer unsere Gedächtniskunst, diesmal in den unregelmäßigen Verben. Und wieder kam der Sigi dran. Er wußte nichts, obwohl ihm der Harald vorsagte. Aber der Herr Kurz antwortete dem Harald ruhig: »Wenn du es schon besser weißt, dann sage laut vor!« Das geschah, und der Sigi mußte wiederholen. »Bekomme ich denn keine Fünf?« fragte er ganz kaputt. »Heute nicht«, antwortete der Herr Kurz, »aber vielleicht in einer Woche, wenn du sie bis dahin nicht einigermaßen gelernt hast.«

Der Sigi setzte sich wie ein geprügelter Hund auf seinen Platz. In seinen Augen war ein komisches Leuchten, und seine Lippen bewegten sich wie in einem Stummfilm.

In der zweiten großen Pause wischte der Sigi sogar die Fensterbänke auf dem Flur. Als der Unterricht weiterging, saß er bedrückt auf seinem Stuhl und sah mich wie ein krankes Reh an. »Mach dir nichts daraus, Sigi«, tröstete ich ihn. »Nach Sonnenschein kommt wieder Regen. Hauptsache, die Frau Pitthuhn nimmt dich jetzt nicht in Russisch vor, das ist deine schwächste Seite.«

Die Frau Pitthuhn kam wie immer fröhlich in die Klasse gesprungen und sagte: »Nun wollen wir erst einmal die letzten Vokabeln wiederholen.« Da geschah etwas ganz Schlimmes. Der Sigi sprang auf und schrie wie das Kind vom Erlkönig: »Frau Pitthuhn, Frau Pitthuhn, ich hab nichts gelernt. Bitte geben Sie mir eine Fünf!«

Die Frau Pitthuhn wurde ganz blaß. Sie strich dem Sigi

übern Vollmondkopf und fragte sanft: »Nu tschto? Kak djelati?«

»Nischt ist«, schrie der Sigi, »und auch sonst geht es mir gut!«

Was dann passierte, hätte keiner von uns für möglich gehalten. Die Frau Pitthuhn machte einen Freudentanz und rief: »Er hat's, jetzt hat er's! Der Sigi hat mich richtig verstanden! Nein, so eine Freude! Dafür bekommst du eine Eins und ein Lob«, und sie schrieb es in sein Heft.

Da fiel der Sigi um wie ein nasser Sack. Die Mädchen fächelten ihm Luft zu, Frau Pitthuhn erlaubte mir, ihn in den Garten zu begleiten, bis es ihm besser geht. Draußen mußte ich dem Sigi versprechen, daß ich nach dem Unterricht mit zu ihm nach Hause komme. Denn der Sigi meinte: »Mein Vater wird nicht mehr, wenn er die Eins und das Lob sieht!«

Ich freute mich schon auf die letzte Stunde mit Herrn Burschelmann. Der wird den Sigi wieder gesund machen und uns auf Vordermann bringen. So viel Lobe und Freundlichkeiten wie heute, das hält kein Mensch aus.

Da kam der Herr Burschelmann auch schon angeschnauft. Er knallte einen Packen Hefte auf den Tisch und knurrte: »Entweder habt ihr nicht mehr alle beisammen, oder ich muß mal den Arzt wechseln. Soviel Unsinn kann ich gar nicht zensieren, das fällt auf mich zurück!«

Alles wird wieder gut, dachte ich. »Endlich sind wir wieder alle normal, auch die Lehrer!« sagte ich laut.

Da stieß mich jemand an. Ich erschreckte und sah den Herrn Burschelmann neben mir stehen, und er sprach ruhig wie der Onkel Doktor zu mir: »Die ganze Zeit beobachte ich dich und wollte dich in deinem Schlummer nicht stören. Aber wenn du schon träumst, dann nimm Rücksicht auf die anderen und schrei nicht so dummes Zeug!«

Ich war wieder bei mir, blinzelte in die Sonne und guckte in Sigis Heft, was gerade dran ist. Da sah ich eine Eintragung vom Herrn Burschelmann: »Sigi, du hast ein Lob für gute Mitarbeit verdient! Grüß Deine Eltern von mir. – Burschelmann.«

Man sollte nicht glauben, was alles so passiert, wenn man einmal im Unterricht nicht aufpaßt und pennt.

Ottokar, der Philosoph

Wie man unsere Zeugnisse sieht

Zeugnisse hab ich für mein Leben gern, besonders Halbjahreszeugnisse, weil man da im Mittelpunkt steht und die Eltern sich Zeit nehmen, mit einem zu diskutieren. Sonst reden sie ja auch mit mir, aber nicht so gründlich. Sie können den Zeugnistag kaum erwarten und sind im Gegensatz zu mir furchtbar aufgeregt. Ich bin nur neugierig darauf, ob sich meine Lehrer nicht wieder geirrt haben. Mir gefällt an den Lehrern, daß sie auch nicht alles richtig machen, und wenn sie das einsehen, gefallen sie mir noch besser.

Die Zeugnisbetrachtung geht in fünf Verarbeitungsstufen vor sich. Zuerst vergleichen die Eltern die neuen Zensuren mit den alten vom vorigen Jahr und früher. Dabei nicken sie oder wackeln mit dem Kopf hin und her, je nachdem. Dann folgt die erste Einschätzung mit den Wörtern »na ja« oder »nanu!« Beim »Nanu!« schließen sich solche Sätze an wie: »Schämst du dich nicht, eine Drei in Rechtschreibung?« oder »Wieso hast du dich in Biologie verschlechtert?«

Diese Fragen kann ich ganz leicht beantworten, indem ich darauf hinweise, daß einige Schüler noch schlechter sind als ich. Statt daß mich die Eltern für diesen richtigen Hinweis loben, schauen sie mich erzieherisch an und sagen: »Du sollst dich an den besseren Schülern orientieren, nicht an den schlechteren!« Die Mutter seufzt dazu und schämt sich für mich, der Vater nicht so sehr. Er ruft mir bloß zu: »Die Drei muß weg!« Das ist die erste Verarbeitungsstufe.

Nachdem die Eltern mein Zeugnis mit dem meiner Schwester verglichen haben und Unterschiede feststellten, gehen sie zur zweiten Verarbeitungsstufe über. Meine Mutter macht dann meistens den Anfang, indem sie zum Beispiel sagt: »Du wirst jetzt jeden Tag ein Diktat üben, hörst du?!« Der Vater gibt noch eins drauf, damit ich merke, daß auch er erzieht: »Und mit der Gammelei hört das jetzt auf, sonst...« Er wußte nicht gleich, was sonst passiert, aber es wird ihm schon noch was einfallen. In Biologie wußten die Eltern nicht so gut, was mir hilft. Ich sagte, sie müssen sich deswegen keine grauen Haare wachsen lassen. Wenn's wärmer wird, zieh ich wieder an.

Die dritte Zeugnisverarbeitungsstufe ist schon schwerer zu verkraften. Da geht es um die Kopfnoten. Daraus entstehen die Wenn-dann-Sätze. Zum Beispiel: »Wenn deine Zensur in Betragen nicht besser wird, dann fährst du mit uns nicht mit in Urlaub!« Es half auch nichts, daß ich den Eltern erklärte, die Drei hab ich bloß wegen Herrn Kurz bekommen, weil der mich nicht ausstehen kann. Meine Mutter antwortete, darum muß ich mich erst recht zusammenreißen.

Ich riß mich in den ersten Ferientagen zusammen. Meine Eltern bekamen ein Mitleid und nahmen mich ins Erzgebirge mit. Wahrscheinlich haben sie sich gedacht: Lassen wir Ottokar zu Hause, wissen wir nicht, was er anstellt. Bleibt er bei uns, dann wissen wir es.

Die vierte Verarbeitungsstufe vollzieht sich in der Schule. Da gibt es verschiedene Möglichkeiten, zum Beispiel das Patenschaftswesen. So bekam die brave Bärbel den Auftrag, mir in Biologie zu helfen. Die Bärbel war sehr stolz darauf und fragte mich: »Wo bist du am schwächsten?« Ich sagte, eigentlich fühl ich mich körperlich gar nicht schwach, wir können ja einmal ringen. Aber wenn du Biologie meinst, dann an mehreren Stellen, zum Beispiel in der Wurmkunde. Bärbel guckte wie eine Lehrerin: »Plattwürmer oder Rundwürmer?« – »Na ja«, sagte ich, »eigentlich überhaupt, ich ekle mich nämlich vor Würmern.« Die Bärbel fing gleich an zu lehren: »Du mußt das wissenschaftlich sehen ...« – »Weißt du, Bärbel«, sagte ich, »am besten ist, wenn ich nachmittags zu dir nach Hause komme.«

Ich habe mich gut darauf vorbereitet, und der Schweinesigi half mir bei der Beschaffung von Anschauungsmitteln. Bärbel hatte mich schon erwartet. Wir setzten uns in eine Laube mit Eckbank und Kissen. Auf dem Tisch lag ein sauberes Tischtuch und eine Schale mit Waffeln. Die Bärbel hatte schon einige Bücher bei sich und ein Diarium. Ich sagte, ich hab auch was mitgebracht, und legte verschiedene Schachteln um die Waffeln. Dann öffnete ich die erste Schachtel und zog einen langen Regenwurm heraus. Er kringelte sich, wahrscheinlich wegen der Sauberkeit.

»Ist das der Eiseniella tetraedra oder der Lumbricus terrestris?« fragte ich die Bärbel. Sie sah verekelt auf meinen schönen Wurm und sagte streng: »Bitte nimm den vom Tisch!«

»Na, dann nicht.« Ich packte meinen fetten Regenwurm wieder ein und öffnete die nächste Schachtel. »Und hier hab ich einen sehr schönen Peitschenwurm aus der Familie der Trichuridae, ein Geschenk vom Schweinesigi. Meine Frage: Kommt der auch im Menschendarm vor?«

Da kriegte die Bärbel eine weiße Nase und rannte weg. Was lehrt uns das? Das lehrt uns: Ein Lernpate ist ja nicht schlecht, aber selbst lernen ist besser, schon um den Paten zu ärgern. Schade, ich hätte der Bärbel gern noch ein paar Blutegel gezeigt, ein Bandwurm war leider nicht mehr auf Lager.

Also mit dem Patenschaftswesen klappte es bei mir nicht ganz so, seitdem bekomme ich auch keine Paten mehr.

In der fünften Verarbeitungsstufe wird bei schlecht lernenden Schülern das Elternaktiv eingesetzt. Bisher gab es nur eine körperliche Verletzung, nämlich als beim Anmarschieren des Aktivs die giftige Frau Speckmann den Hund losließ.

Das schlimmste ist aber, wenn der Mensch nach seinem Zensurendurchschnitt eingeschätzt wird, zum Beispiel bei Bewerbungen um eine Lehrstelle. Ich weiß das von der Saxafonia Brunsig. Sie wollte Frisöse werden, und auf ihrem Zeugnis stand auch, daß sie sehr geschickt ist. Weil aber so viele Mädchen Frisöse werden wollen, schaute der Lehrlingsauswähler Saxafonias Zeugnis der 9. Klasse besonders streng an und sprach: »Mit dem Durchschnitt und der Drei in Deutsch spielt sich nischt ab.« Ich sagte zur Saxafonia, sie soll's doch mal in einem Hundesalon probieren. Da braucht sie nicht zu reden, sondern nur zu bellen. Aber das wollte sie nicht, und so blieb ihr nichts anderes übrig, als ein Lehrling für Schreibtechnik zu werden. Da kann sie später ihre geschickten Finger auch anwenden.

Deshalb muß ich mich langsam auf einen sehr guten Durchschnitt einrichten. Jetzt steh ich auf 2,4, nur wegen der guten Vier im Singen und der schlechten Drei in Biologie. Wenn es in Mathematik und Geschichte eine Null als beste Zensur gäbe, wär ich aus dem Schneider. Aber so kann ich rechnen, wie ich will, mehr als 2,1 kommt bei weiteren Verbesserungen nicht heraus, und davon kann vielleicht abhängen, ob ich im Sommer ins Betriebsferienlager mitfahren darf oder nicht. Denn wer weiß, ob man nicht plötzlich auf die Idee kommt, nur die besten Durchschnitte für die Ferienlager zuzulassen. Dann seh ich alt aus.

Was lehrt uns das? Das lehrt uns: Zensuren müssen sein, damit man weiß, woran man ist, und die Lehrer richtig abrechnen können. Je mehr Einsen, desto weniger Sitzenbleiber. Das zählt. Unser Klassenlehrer, der Herr Burschelmann, meint zwar, der Mensch ist das wichtigste. Aber was nutzt das, wenn es Menschen gibt, die uns nur als eine Rechenaufgabe ansehen?

Was ist ein Zufall?

Harald, du weißt doch wissenschaftlich immer so gut Bescheid. Kannst du mir zufällig sagen, was ein Zufall ist?«

»Das ist ganz leicht zu beantworten. Ein Zufall ist, wenn was passiert oder eintrifft, womit man nicht rechnet.«

»Aha. Also wenn der Herr Kurz heute eine Klassenarbeit schreiben läßt, womit ich nicht gerechnet habe, dann ist das ein Zufall?«

»Das ist kein Zufall. Damit mußt du immer rechnen.«

»Oder wenn morgen eine hohe Persönlichkeit, sagen wir ein Minister, kommt, womit keiner rechnet, dann ist das ein Zufall?«

»Das ist auch kein Zufall, sondern geplant. Was meinst du, was hier los ist, wenn hoher Besuch angesagt ist! Da drehen alle schon Wochen vorher durch.«

»Wenn aber meine Eltern im Fernsehlotto fünf Richtige haben, ist das nicht ein Zufall?«

»Wieso soll das ein Zufall sein? Damit rechnet doch jeder Spieler.«

»Aha. Wenn mir aber ein Blumentopf von einem Balkon auf den Kopf fällt, das ist bestimmt ein Zufall.«

»Das ist auch kein Zufall, den hat wahrscheinlich jemand runtergestoßen, oder ein Windstoß war schuld. Damit mußt du rechnen.«

»Na schön. Wenn ich also damit rechne, daß dauernd Blumentöpfe runterfallen, und es fällt keiner, ist das ein Zufall?«

»Das ist auch kein Zufall. Wenn ein Blumentopf sicher steht, dann steht er. Von alleine fällt nichts.«

»Wenn aber ein ganzer Balkon gleich runterfällt, womit man ja nicht jeden Tag rechnet, und ich darunter?«

»Dann hast du gesetzmäßig Pech gehabt. Warum mußt du Blödmann ausgerechnet dort langgehen.«

Aus diesem wissenschaftlichen Gespräch mit meinem Freund Harald hab ich gelernt, daß es eigentlich keinen Zufall gibt. Was steht, steht, was fällt, fällt, was kommen muß, kommt. Wissenschaftlich nennt man das eine Gesetzmäßigkeit.

Und während ich noch ein bißchen darüber nachdachte, hörte ich eine schrille Stimme hinter mir: »Möchtest du vielleicht eine Extra-Einladung zum Unterricht?« Es war das Fräulein Bella Kohl.

Ich rechnete jetzt fest mit einer Eintragung im Tagebuch. Aber das geschah nicht. Das war wirklich ein Zufall und keine Gesetzmäßigkeit.

Als Opa Omas Nachthemd zerhackte

Mit dem Tag, als der Opa das Nachthemd von unserer Oma zerhackte, fing alles an. Der Opa behauptete zwar, es war der Wind, der Omas Nachthemd von der Wäscheleine auf den Hackklotz geweht hat, aber die Oma konnte sich das nicht denken und sprach: »So weit ist es gekommen! Und mit dem Mann bin ich 40 Jahre verheiratet!«

Wir standen dann alle um den Hackklotz herum und bestaunten Opas Werk. Mein Vater lobte den Opa: »Da hast du ja saubere Arbeit geleistet!« Und meine Mutter ergänzte: »Na, dann sieh mal zu, wie du das wieder gutmachst.« Auch meine Schwester mußte ihren Senf dazugeben: »Das war Omas Lieblingsnachthemd, das kuschelweiche!«

Der Opa sah jetzt auch nicht so glücklich aus wie ein Mann, der schon 40 Jahre mit derselben Oma verheiratet ist. Er stopfte die Reste vom Nachthemd in die Tasche seines Arbeitskittels und knurrte: »So ein Theater wegen einem Nachthemd. Kauf ich eben ein neues, na!«

»Ich weiß nicht, ob du so billig davonkommst«, sagte ich zum Opa. »Das war vielleicht kein gewöhnliches Nachthemd, sondern ein mit Erinnerungen gefülltes und so.« Die Oma schluchzte, der Opa warf meinem grinsenden Vater einen giftigen Blick zu, und mich stuckste die Mutter ins Haus und sprach: »Mach lieber deine Schularbeiten!« Sie wollte ganz streng mit mir sein, ich sah aber, wie in ihrem Gesicht das Lachen durchzuckte.

Beim Abendbrot war es nicht so lustig wie sonst. Der einzige, der zur Unterhaltung beitrug, war ich. Denn dauernd wurde mir zugerufen: »Schling nicht so, laß dir Zeit!« oder: »Du schlürfst wie ein Kalb!« oder: »Kannst du nicht leiser kauen!« und noch mehr so wertvolle Hinweise. Ich war ganz froh darüber, und so kam wenigstens keiner auf die Idee, Omas zerhacktes Nachthemd wieder auf den Tisch zu legen.

Oma ging gleich zu Bett, und mein Vater fragte, ob sie noch ein Nachthemd hat. Der Opa guckte finster vor sich hin. Als ich ihm sagte, wir gehen morgen zusammen ein Nachthemd kaufen, und ich werde ihn beraten, da leuchtete er wieder auf.

Am nächsten Tag machte ich mich mit Opa auf den Weg. Wir gingen zuerst in den Textilkonsum, wo meine Mutter immer einkauft. Sie ist dort gern gesehen, weil sie weiß, was sie will. Sie kauft schnell, und die Verkäuferinnen können sich gleich wieder ausruhen und miteinander plaudern. Der Opa hatte sich sogar einen Schlips umgebunden. Wegen der Wirkung. Die ältere Verkäuferin fiel auch darauf rein und fragte, was es sein darf. Der Opa sagte: »Ein Frauennachthemd.« Die Verkäuferin verbesserte ihn: »Sie meinen wohl ein Damennachthemd.« Der Opa kennt sich mit den Unterschieden zwischen Frauen und Damen nicht so aus und sagte: »Meinetwegen.«

Die Verkäuferin fragte: »Welche Größe?« Der Opa guckte mich an. Ich zuckte. Da zuckte der Opa auch. Die Verkäuferin dachte vielleicht an eine Kaffeepause und drängte: »Na, Sie müssen doch ungefähr wissen, wie groß ... vielleicht so wie ich?« Der Opa nickte und knurrte: »Na ja, so ungefähr.«

Ich hustete und gab dem Opa runde Zeichen. Weil er sie nicht verstand, flüsterte ich ihm laut zu: »Die Oma ist doch nicht so dick!« Der Opa kapierte jetzt, die Verkäuferin auch. Sie knallte drei Hemden auf den Tisch und schaute in die

Luft. Der Opa wollte keinen Ärger mit der Verkäuferin und kaufte schnell eins. Draußen sagte ich zum Opa: »Das kannst du gleich wieder zerhacken; denn die Oma verträgt kein Polyester. Davon kriegt sie Pickel.«

Wir fuhren mit der nächsten Bahn in die Stadt. Dort gab es mehrere Damengeschäfte. Im ersten schoß gleich eine Frau auf ihn zu und sprach: »Na, junger Mann, was darf's denn sein?« Die ist ganz schön scharf, dachte ich. Schmeichelt sich beim Opa ein, obwohl der bestimmt viel älter ist als sie. Nachdem der Opa mit mehreren Hemden bei zwei Kundinnen Maß genommen hatte, fanden wir auch das richtige. Es hatte Blümchen und faßte sich mollig an. Die Verkäuferin lobte den Opa und meinte, er hat gut gewählt.

Der Opa wurde danach übermütig und sprach: »Jetzt kaufen wir weiter, wenn wir schon einmal dabei sind.« Vor einem Schaufenster, in welchem jede Menge Nachthemden und andere durchsichtige Sachen hingen, fragte mich der Opa, ob die Oma so was noch tragen kann. Ich sagte, die Oma kann. Die Verkäuferin war freundlich und klärte den Opa auf. »Das ist eine sehr dezente Ausführung« oder: »Das ist ein hautfreundliches Gewebe« oder: »Sehen sie mal, hier, die hübsche Rüsche!« Der Opa entschied sich aber für eine andere Garnitur. Auch diese Verkäuferin lobte ihn und rief ihm nach: »Da wird sich Ihre Enkelin aber freuen!«

Wir besuchten danach ein Kaufhaus. Um einen Stand standen viele Frauen und wühlten und wühlten. Es gab dort billige Schlupfer. Der Opa wühlte jetzt auch mit. Einige dehnte er auseinander wie einen Expander. Es wurde ganz still um ihn. Alle guckten ihm zu. Erst als sich ein Mann mit weißem Kittel und strengem Blick hinter ihn stellte, hörte der Opa auf zu wühlen und fragte, wo es hier die Heimwerkerartikel gibt. Der Mann führte ihn dann dorthin.

Als wir uns frohen Muts wieder auf den Heimweg machten, entdeckten wir ein Geschäft mit noch schöneren Frauensachen. Es hieß Budique oder so ähnlich. »Weißt du was«, sagte der Opa, »jetzt kaufen wir der Oma einen Morgenrock. So was hat sie noch nie gehabt.« Na ja, dachte ich, nach 40 Jahren kann der Opa ruhig was springen lassen, wer weiß, wie lang er das noch kann.

Im Geschäft war alles piekfein und stinkvornehm. Auch die Verkäuferinnen. Sie hatten keine gewöhnlichen Kittel an wie die anderen, sondern ganz moderne Kladasch. Die müssen reich sein, dachte ich. In einem gläsernen Schrank hingen mehrere Morgenröcke oder Abendmäntel, wir kannten uns da nicht so aus. Der Opa traute sich jetzt nicht mehr, einen anzupassen. Er guckte auf die Uhr. Erst als er laut fragte, ob man hier auch bedient wird, kam eine geschminkte Frau auf uns zu und fragte wie eine Hoheit im Film: »Bütte?« Der Opa kann vornehmes Getue nicht ausstehen und antwortete wie ein König: »Vielleicht büten Sie mal was an, Durchlaucht!« Die Frau Durchlaucht legte dann gelangweilt ein paar Sachen hin, und als sich der Opa entschieden hatte, sagte die hohe Frau zum Morgenrock: »Dör ist aber nicht büllig!« Und ich antwortete für den Opa: »Denken Sie vielleicht, wir sind büllig?« Das Geld hat grade noch so gereicht.

In der Bahn konnte sich der Opa nicht mehr halten. Er packte die schönen Sachen aus, um sie noch einmal zu betrachten. Manche hielt er vor seine Brust. Die Frau neben ihm suchte sich gleich einen anderen Platz, und eine andere Frau sprach zu ihrem Kind: »Wenn dir solche Onkels ein Bonbon schenken wollen, lauf weg und schrei um Hilfe!« So ein Blödsinn! Opa kauft nie Bonbons. Als wir ausstiegen, sagte der Opa: »Erinnere mich daran, daß ich den Hackklotz woanders hinstelle.«

Wie es dann weiterging, ist schnell erzählt. Als Oma die kostbaren Sachen sah, war sie ganz weich. Das wollene Nachthemd wird sie gleich anziehen, die flatterige Garnitur will sie bis zur Jugendweihe meiner Schwester aufheben, und zum Polyesternachthemd sagte die Oma: »Da hab ich gleich was für die Tante Anna zum Geburtstag.« Aber als Opa den Morgenrock auspackte, war die Oma ganz weg. »Nein, so was Schönes zieh ich nicht an«, sagte sie, und beim Opa fielen gleich die Mundwinkel runter. Nein, sagte Oma und drückte den Morgenrock an ihre Brust, und aus ihren Augen kullerten Tränen. Da gingen Opas Mundwinkel wieder hoch.

Als wir unser Straßenfest feierten

Einmal im Jahr, meistens im Oktober, feiern wir ein Straßenfest, und das fängt so an:

Schon Wochen zuvor geht der Herr Wurzel als Straßenvertrauensmann rum und fragt, wer eine Funktion übernehmen will. Er braucht: Ständebauer, Kaffeeköchinnen, Bockwurstbrüher, Kuchenbäckerinnen, Bierfahrer, Ausschmücker, Schildermaler, mehrere Kassiererinnen, Tisch- und Bestuhlungsfunktionäre, einen elektrischen Lämpchenleger, einen Beschallungstechniker, einen Feuerwehrmann im Dienst, Künstler, Erste Hilfe und zwei Bier- und Schnapsausschenker, weil man damit rechnen muß, daß einer vorzeitig abtritt.

Mein Vater fragte gleich, ob eine Stelle als Ausschenker noch frei ist. Der Herr Wurzel sagte, eigentlich nicht; denn es hat sich schon der Herr Weichbrodt dazu verpflichtet.

Aber es kann nicht schaden, wenn der Vater eine stille Reserve ist.

Das sind aber noch nicht alle Straßenfestfunktionäre. Denn zwei oder drei Tage vor dem Fest betritt der Herr Wurzel unsere Schule, um dem Herrn Direktor Keiler einen Besuch abzustatten. Nach der Abstattung wird es an der Schule meistens unruhig. Nicht durch die Schüler, sondern durch die Lehrer. Sie fragen sich in den Fluren gegenseitig, was sie noch alles tun sollen. Sie sollen aber gar nicht alles tun, sondern beim Straßenfest nur mit den Kindern was spielen und sie beaufsichtigen oder basteln oder quizzen; denn am Sonnabendnachmittag haben sie ja auch als Lehrer schulfrei, und das ist ja wohl nicht zuviel verlangt. Aber die meisten erklärten dem Herrn Direktor, welche Schmerzen sie gerade an diesem Tag haben und welche Angehörigen krank sind und welche Besuche auf sie zukommen. Nur der Herr Burschelmann hatte keine solche Ausrede. Ich hörte, wie er ziemlich laut zum Herrn Direktor sprach: »Die Familien sollen sich gefälligst mit ihren Kindern beschäftigen, die ganze Woche haben sie keine Zeit für sie. Wir Lehrer haben ebenso ein Recht auf Freizeit, noch dazu, wo wir sonnabends auch arbeiten.« So grimmig hab ich den Herrn Burschelmann schon lange nicht gesehen.

Also blieb alles am Pilei Alfons und an der alten Frau Seidenschnur hängen. Die kann nämlich nicht nein sagen. Wir organisierten mit ihnen schnell einen Flohmarkt für den Solibasar, stöberten in Wohnungen, Kellern, Schuppen und auf der Müllhalde nach brauchbaren Sachen. Da mein Vater alles aufhebt, von der Schraube bis zur kaputten Jauchepumpe, war es nicht schwer, auch von uns schöne Verkaufsgegenstände anzubieten, und meine Mutter freute sich über die Entrümpelung.

Nachdem jeder so seine Aufgaben hatte, wurde vom Herrn Wurzel gefragt, wer zum Straßenfest kommen kann. Die Funktionäre sagten, wir müssen ja sowieso, und mit unseren Familien ist das Fest schon voll. Aber der Herr Wurzel meinte, man muß trotzdem werben. Da unsere Schulsekretärin Frau Stichlein sowieso nicht gekommen wäre, weil sie den Diskolärm nicht verträgt, verpflichtete sie sich, Handzettel zu schreiben und abzuziehen, die Schüler können sie ja verteilen.

Das taten wir. Auch luden wir die Bewohner vom Feierabendheim ein: Das gehört zwar nicht zu unserer Straße, aber dort gibt es viele Schwerhörige, denen der Diskolärm nicht mehr schaden kann. Unsere Oma lud ich auch ein. Aber sie zierte sich und meinte, was soll sie als alte Frau dort. Sie guckt lieber fern, heute sind doch die Meisterschaften im Boxen. Aber mein Vater bot ihr eine Funktion an. Sie soll sich an den Eingang setzen und die Besucher zählen. Sie kann dabei stricken, und die Zählung ist wichtig für den Kreisbericht.

Nachdem alle Omas, Opas und andere Jugendliche eingeladen waren, ging es an die Ausführung des Straßenfestes. In der letzten Unterrichtsstunde waren wir schon ganz kribbelig, weil wir an den Flohmarkt dachten. Der Herr Burschelmann meinte, jetzt wird sich zeigen, ob wir richtig rechnen können. Ich sagte, das glaub ich nicht. Denn bei Soli verrechnen wir uns immer nach oben. Damit war der Herr Burschelmann auch einverstanden.

Als das Fest begann, waren alle Funktionäre auf ihren Posten. Mein Vater saß als Reserve auf einem Bierfaß, mein Opa daneben, als zweite Reserve. Meine Mutter huckte hinter einem Kaffee-Kuchen-Tisch, meine Oma thronte am Eingang und zählte strickend die Besucher. Kann sein, daß sie dabei auch die Maschen mitgezählt hat, das macht aber nichts. Denn je größer die Zahl, um so höher das Lob von oben. Der Feuerwehrmann vom Dienst, nämlich der Herr Bettsäge, löschte als erster seinen großen Durst. Er sagte, jetzt kann er noch, wenn nachher die Besucher eintrudeln, darf er nicht mehr. Seinem guten Beispiel folgten der Lämpchenleger, der Beschallungstechniker, der Bierfahrer und der Herr Wurzel. Dieser meinte auch, jetzt darf er noch, seine Frau kommt später.

So nach und nach füllte sich die Feststraße. Es kamen auch Leute aus dem anderen Wohnbezirk. Der Herr Wurzel wollte sich schon aufregen, aber die Kuchenfrauen schrien, es ist genug da, und sie wollen nicht auf dem Kuchen sitzenbleiben. Das wollte der Herr Wurzel auch nicht, deshalb gab er klein bei.

Als die meisten Plätze schon besetzt waren, hielt der Herr Wurzel eine kurze Rede und kündigte eine große Festüberraschung an. Wir dachten an ein Tagesfeuerwerk oder wenigstens an eine Lehrvorführung der Hundesparte oder so was. Aber die Überraschung hieß Frau Leonore Zwetschke-Junghals. Sie war früher eine Sängerin. Der Herr Wurzel kündigte sie als solche an, und der Herr Pianist Dagobert Schöps wird sie begleiten. Der ließ aber die Sängerin einfach stehen und setzte sich an ein Klavier. Frau Zwetschke-Junghals sang mit ihrer alten Stimme zwei Lieder, und die Leute klatschten. Die Sängerin hätte vielleicht noch mehr Lieder gesungen, wenn nicht ein Lärm entstanden wäre. Er kam vom Biertisch, wo die Frau Wachtel ihrem Gatten zurief, er hat jetzt genug, worauf dieser erwiderte, auf zwei Beinen kann man nicht stehen, und er braucht ein drittes. Nachdem sich jemand um die zänkische Wachtel gekümmert hat, trat wieder Frieden ein.

Es gab später noch mehrere Gesänge, welche nicht im Programm vorgesehen waren. Auch die Schwerhörigen schrien sich gegenseitig zu: »Lauter, ich kann dich nicht verstehen!« Und bei der Disko klatschten sie wie wild und wurden immer fröhlicher und fröhlicher, besonders bei der Polonese, wo sie mit langen Schritten mitmachten und dazu sangen.

Es gab auch ein paar kleine Zwischenfälle, nämlich folgende: Ein Kind wurde gesucht. Als man dann den kleinen Knut Birnbaum in einem leeren Geschirrkorb fand, wo er fest schlief, wurden auch die anderen Kleinen nach Hause gebracht. Denn einige wie Knut kletterten von Tisch zu Tisch und tranken Reste aus.

Dann wurde eine Kraftvorführung gezeigt. Der Herr Speckmann fragte den Herrn Feuerwehrmann vom Dienst, ob er ihn schafft. Sie setzten sich an einem Tisch gegenüber, und jeder versuchte, den Arm des anderen umzubiegen. Einige wetteten, die anderen stachelten bloß an. Obwohl der Herr Bettsäge ziemlich dürr ist, mußte der Herr Speckman alle Kraft aufwenden, um ihn umzulegen. Er ging dann als Sieger von Tisch zu Tisch und pries seine Stärke an. Zu den Frauen sagte er, daß er sie auch schaffen würde, aber die wollten nicht.

Später zeigte der Gärtnerlehrling Klausdieter Saft dem Fleischerlehrling Thomas Mündchen, wie man ein großes Glas Bier in einem Zug austrinkt. Sie schafften es, aber die drumrum standen, sagten zu ihnen, das ist viel zu langsam. Bei der Fahne müßten sie diese Lehrvorführung in zehn Sekunden erledigen. Sie probierten. Beim fünften Glas brauchten sie nur noch 14 Sekunden, danach legten sie sich zwischen zwei Büsche, wo sie friedlich schnarchten.

Der schönste Zwischenfall entstand, als der Sanitätsleiter, Herr Neumann, der Tochter vom Herrn Wurzel die Mundbeatmung erklärte. Die Frau Wurzel stürmte wie eine Wilde auf Herrn Neumann zu und schrie: »Soweit kommt es noch, erst ein Kind machen und dann noch knutschen!« Die Leute sagten, umgekehrt ist es richtig, aber die Frau Wurzel hörte das nicht mehr. Erst nach der Beatmung durch den Herrn Sanitätsleiter kam sie wieder zu sich. Ein Glück, daß der Herr Wurzel das nicht mitbekam. Er saß hinterm Bierstand und diskutierte mit meinem Opa.

So kann man sagen, das Straßenfest war ein voller Erfolg, auch für unseren Flohmarkt. Am meisten brachte die von mir gespendete alte Jauchepumpe aus unserem Keller. Als mein Vater sie sah, sagte er mit glänzenden Augen: »Die ist doch zu schade zum Wegschmeißen. So was kann man immer gebrauchen.« Und er zahlte 20 Mark für seine eigene Pumpe.

Über den Kampf gegen die Ausdrücke

In einer Elternversammlung ist über die Jugend von heute gesprochen worden, und da sollen sich einige Eltern aufgeregt haben. Sie sagten, früher hätten sie sich als Schüler nicht so benehmen dürfen, und am schlimmsten sind die Ausdrücke. Meine Mutter fragte mich zu Hause gleich, ob ich auch so bin, und sie möchte keine Klagen hören, sonst weiß sie nicht, was sie tut. Mein Vater wußte gleich, was er mit mir tun wird, wenn ich schlimme Ausdrücke sage. Es gibt zum Beispiel Fernsehverbot, und zum Angeln nimmt er mich dann auch nicht mehr mit.

Ich habe die ganze Zeit überlegt, was die Eltern überhaupt meinen, und weil ich nicht dahinterkam, klärte mich meine Schwester auf: »Zum Beispiel sagst du manchmal kleene Schrippe oder Zimtzicke zu mir, und gestern, als ich in dein Zimmer kam, sagtest du: Verpiß dich!«

Ach du je, dachte ich, deswegen der Aufstand! Aber meine Mutter sah mich sträflich an, und der Vater donnerte: »Vielleicht drückst du dich nächstes Mal ein bißchen anständiger aus!« Na ja, das stimmt. Ich hätte auch verpusch dich sagen können.

Das Thema Ausdrücke muß in allen Familien besprochen worden sein. Denn am andern Tag meinte der Schweinesigi: »Jetzt dürfen wir nicht mal mehr Scheiße sagen, nur noch die Erwachsenen und die Schauspieler im Fernsehen!« Wir fragten die brave Bärbel, die von uns am schönsten spricht, wie sie dazu steht. Sie meinte, man kann dafür auch das anständige Wort Kot oder Stuhlgang benutzen. Vielleicht hat sie recht, aber so richtig überzeugend klingt das nicht, wenn mein Vater schreien würde: »Ach du großer Stuhlgang!« Ich glaube, da würde ihn seine Brigade nicht mehr ernst nehmen.

Trotzdem, die Bärbel gab einen wichtigen Hinweis. Und so beschlossen wir in unserer Pioniergruppe, die schlimmen Ausdrücke vorerst mal um 50 Prozent zu senken. Mein Freund Harald ergänzte, wenn wir uns wissenschaftlich ausdrücken, kann uns gar nichts passieren. Zum Beispiel könnte man statt Kuh du Paarhufer sagen, statt Schwein du Rüsseltier oder Trichinenwampe, statt Flasche du Behältnis aus Glas und statt A ..., ihr wißt schon, was ich meine, du Gesäßvertiefung oder Afterkanal und so. Die Sonja stieg gleich in das Thema ein und trompetete: »Früher sagten die großen Jungs Pißnelke zu mir, jetzt sagen sie scharfer Pullover, find ich irre toll!« Die gebildete Bärbel dachte, sie muß wieder was erklären: »Pullover kommt aus dem Englischen und heißt Überzieher!« Ich unterbrach die Abschweifung und sagte, das Thema ist jetzt nicht dran, das kommt später.

Wir merkten, daß eine schwere Zeit auf uns zukommt, und manchmal werden wir wahrscheinlich in Büchern suchen müssen, um fröhliche Ausdrücke wie kotzen, verscheißern oder Schnauze, Fresse und so was zu verbessern. Das fing ja schon damit an, als der lange Schücht in die Klasse schrie: »Heute gibt's ein geiles Fressen! Erbsensuppe!«

Wir fragten: »Was für eine Speise? Vielleicht erklärst du mal, was das heißt?« Er konnte es nicht, keiner konnte es außer der braven Bärbel. Sie erklärte: »Das ist ein Essen, wonach es einen gelüstet!« Ach soooo, sagten wir, und jetzt wurde mir auch klar, warum dieses Wort immer öfter benutzt wird, besonders von den großen Schülern. Old Schätterhänd aus der Zehnten sagte es zum Beispiel zur Cornelia Blumm aus der Neunten. Aber die wußte wahrscheinlich nicht, daß dies was Gutes bedeutet, und haute dem Oldi eine in die Fre ... ich meine Visage. Cornelia darf das. Sie ist kräftig und in der Sparte Junge Kugelstoßer.

Das Umstellen auf schönere Ausdrücke fällt vielleicht auch manchem Lehrer schwer. Wie oft kommt der Herr Burschelmann in die Klasse und schreit: »Fenster auf, hier stinkt's wie in einem Affenstall!« Kann ja sein, aber genau weiß ich es nicht, weil ich noch nicht in einem Affenstall war, nur bei einer Tierschau im Zirkus. Dort war die Luft sogar besser als bei uns im Lehrerzimmer. Ich bin auch öfter beim Sigi im individuellen Stall, weil ich für Ferkel etwas übrig habe. Manchmal bereite ich mit dem Sigi das Abendbrot für die Schweine vor. Wir dämpfen die Kartoffeln, zerquetschen sie, dann kommt Schrot und Kraftfutter dazu, dann wird abgeschmeckt, und damit die Speise etwas appetitlicher aussieht, garnieren wir sie mit Brennesseln oder faulen Äpfeln. Die Sau freut sich darüber. Ehrlich gesagt, das riecht besser als bei uns im Speiseraum. Aber dort hält der Herr Burschelmann seine Nase nicht hinein.

Wir müssen ja meistens über Herrn Burschelmanns Ausdrücke lachen, weil er kein Blatt vor den Mund nimmt. Aber wenn sich die Eltern aufregen und die Lehrer einen Kampf dagegen führen sollen, dann müssen sie sich eben gegenseitig auch auf ihre Ausdrücke aufmerksam machen.

Zum Beispiel bezeichnete das Fräulein Heidenröslein die Frau Speckmann, welche immer die Lehrer schlecht macht, als altes Schrapnell. Aber die Frau Speckmann weiß vielleicht gar nicht, was das heißt, und denkt am Ende, das ist ein hoher Titel. Genau hätte Fräulein Heidenröslein sagen müssen, die Frau Speckmann ist eine scharfe Granate. Das ist wissenschaftlicher.

Oder wie kommt der Herr Burschelmann dazu, Mias Mutter, die immer so aufgetakelt rumläuft, Fregatte zu nennen. Besser wäre doch, wenn er sagt: Ein Kampfschiff ist in Sicht! Oder nehmen wir Herrn Burschelmanns Ausdruck für die leicht behämmerte Sonja Zunder. Er sprach einmal zu ihr, sie ist dumm wie Stulle. Das ist auch nicht wissenschaftlich genau. Wie denn? Wie Butterstulle, Käsestulle, Pflaumenmusstulle oder was? Das Schöne ist, daß die Sonja solche Bezeichnungen gar nicht mitkriegt, weil sie wirklich dumm wie Stulle ist oder wenigstens wie Bemme, das ist sächsisch und nicht ganz so schlimm.

Oder nehmen wir den Herrn Sportlehrer Stramm; in seinen Augen sind wir manchmal eine wilde Hammelherde oder lahme Enten oder müde Droschkengäule oder nasse Säcke und andere Behältnisse. Man muß das dem Herrn Stramm nicht übelnehmen. Einmal muß er sich ja mit uns aussprechen; denn bei seiner jungen Frau hat er nichts zu melden.

Oder betrachten wir das Ausdruckverhalten des Herrn Luschmil. Ist mal ein bißchen Lärm in der Pause, reißt er die Tür auf und schreit, wo er sich befindet, in der Klapsmühle oder wo? Ich sagte einmal, er befindet sich in der Schule. Aber das war wohl auch nicht ganz richtig, obwohl es eigentlich richtig war. Ganz anders dagegen verhält sich die Frau Seidenschnur. Wenn wir laut sind, schreit sie nicht, sondern sagt meistens: »Na, ihr Bummserchen, habt ihr euch ausgetobt?«, und schon sind wir wieder sittlich und friedlich.

Vielleicht liegt das an der Zeitverschiebung. Frau Seidenschnur steht mit den zwitschernden Vöglein auf und geht mit den gackernden Hühnerchen schlafen – das macht sie zu einer sanften Lehrerin, wogegen andere erst mit den schlafenden Hunden aufstehen und nach dem letzten Fernsehkrimi zu Bett gehen – das macht sie kaputt und schimpffreudig. Uns auch.

Auch unsere Eltern haben ihre Ausdrücke, aber deswegen sind sie für uns nicht schlecht, im Gegenteil, sie sind brauchbar und nützlich. Einmal besuchte ich meinen Vater auf der Baustelle. Also was ich da so hörte! Zum Beispiel folgendes Gespräch. Ich nenne aber die schlimmen Ausdrücke hier nicht, sondern setze dafür wissenschaftliche und kulturvolle ein.

Vater: »Welche Aftermündung hat denn diesen Kot hier gebaut?«

Aftermündung: »Warum guckst'n mich an? Wenn einer Stuhlgang macht, dann der Penner Weichmut. Der ist ja doof wie Schifferexkrement!«

Vater: »Hol das Gesäßloch mal her!«

Gesäßloch: »Is wat?«

Vater: »Guck dir die Mauer an! Krumm und schief, als wenn ein Ochse pullert!«

Gesäßloch: »Imma ich. Wenn ihr weiter auf mir rumhackt, geh ich zur Mitropa!«

Vater: »Na dann geh! Die warten gerade auf so einen Popo wie dich!«

Ich hab von der Unterhaltung nicht alles aufgeschrieben, weil mein Vater mir zurief: »Verpiß dich!« Ich meine, er wollte sagen: Ändere dein Urinverhalten!

Aber sonst muß man den Eltern, Lehrern und anderen Erwachsenen recht geben: Wir müssen ihnen ein Vorbild sein und die schlimmen Ausdrücke entweder lassen oder durch schönere ersetzen.

Was ist Glück?

Harald, wenn du sowieso alles weißt, dann kannst du mir vielleicht auch erklären, was Glück ist.

Das ist ganz einfach zu beantworten. Glück ist das Gegenteil von Pech.

Aha. Also nehmen wir an, ich bekomme auch beim Herrn Kurz mal eine Eins.

Dann hast du mehr Glück als Verstand gehabt.

Aha. Dann steht nach deiner Meinung der Verstand im Gegensatz zum Glück?

So kann man's auch nicht sehen. Ich denke, man kann auch mit Verstand glücklich sein. Guck dir nur mal das Fräulein Heidenröslein an. Die ist glücklich und hat Verstand.

Woher willst du denn das so genau wissen?

Na ja, sie ist immer fröhlich und hat nie schlechte Laune.

Oder sie ist verliebt.

Kann auch sein. Liebe soll ja glücklich machen.

Na, ich weiß nicht. Mein Vater sagt: Bei zuviel Liebe ist der Verstand im Eimer.

Kommt drauf an, welche Liebe er meint.

Na die zwischen Mann und Frau, was sonst.

Aber man kann doch nicht andauernd lieben, zwischendurch muß der Mensch ja auch arbeiten.

Und zum Arbeiten braucht man Verstand.

So ist es. Meine Oma trällert öfter ein Lied, welches heißt: Glücklich ist, wer vergißt, was nicht zu ändern ist.

Das ist Quatsch. Deine Oma ist alt und hat keine zehnklassige Oberschule besucht. Genau müßte sie singen: Glücklich ist, wer nicht vergißt, was alles noch zu ändern ist.

Na ja na ja. Aber wenn mein Vater daran denkt, was er alles noch zu tun hat, dann sieht er eigentlich gar nicht so glücklich aus, mehr finster.

Und während wir noch ein bißchen darüber nachdachten, kam der Pilei Alfons angewetzt und sagte: »Ein Glück, daß ich euch hier noch treffe. Ich hab einen Auftrag für euch.«

Na ja, sagten wir, haben wir eben Pech gehabt.

Über die Bedeutung der Kartoffeln

Manchmal packt mich eine richtige Lernwut. An solchen Tagen nicken mir die Lehrer dankbar zu, weil sie dann besser ihr Zensurensoll schaffen. Aber manche übersehen mich einfach, weil sie dann sicherer über die Runden kommen.

So geschah es auch in der vorigen Woche. Das Fräulein Bella Kohl wiederholte in Biologie Gewächse. Alles lief ganz gut, bis ich eine aktuelle Frage stellte. Sie lautete:

»Fräulein Kohl, wie schätzen Sie in diesem Jahr die Lage der Kartoffeln ein?«

Darauf war die Lehrerin nicht vorbereitet. Sie meinte: »Das ist jetzt nicht unser Thema!«, und ich soll den Staatsbürgerkundelehrer fragen. Das tat ich nicht. Aber als ich vorschlug, daß ich selbst einen Vortrag darüber halten möchte, war das Fräulein Bella Kohl einverstanden. Auch hoffte ich damit, meine Durchschnittszensur verbessern zu können.

Zuerst besorgte ich mir verschiedene Bücher und Kartoffelreste aus der Schulspeisung als Beweisstücke. Dann schrieb ich drei Tage lang! Meine Mutter fragte den Vater ängstlich, ob ich vielleicht krank bin. Der Vater antwortete: »Das gibt sich wieder.« Da war die Mutter beruhigt.

Dann war es soweit. Ich durfte vorne am Lehrertisch Platz nehmen. Das war schon ein schöner Anblick. Zuerst sagte ich, wie ich es einmal im Fernsehen von einem richtigen Professor gehört habe: »Gestatten Sie, verehrte Schüler, daß ich mich kurz fasse und nur auf die wichtigsten Punkte zur Lage der Kartoffeln eingehe.« Da waren alle sehr gespannt und lachten mir zu. Sogar das Fräulein Bella Kohl.

Der Vortrag zerfiel in fünf Abschnitte und ging so:

Die Kartoffeln

1. Einleitung: Ein Sprichwort heißt, die dümmsten Bauern haben die größten Kartoffeln.

Dies trifft auf uns nicht mehr zu. Richtig muß es heute heißen: Durch die ständige Qualifizierung gibt es keine dummen Bauern mehr. Wenn die Kartoffeln trotzdem klein sind, dann liegt es am dummen Wetter, und damit kann man alles erklären.

2. Geschichte der Kartoffeln: Bevor es die Kartoffeln gab, befriedigten die Menschen ihre Bedürfnisse mit Brot, Fleisch, Fischen und in manchen Gegenden sogar mit Vögeln.

Walther von der Vogelweide zum Beispiel war so einer. Erst als die spanischen Seefahrer Südamerika entdeckten, brachten sie neben dem Goldschmuck der Indianer, Inkas und anderen Völkerstämme auch Tabak, verschiedene Krankheiten und Kartoffeln mit nach Europa. Das war so um 1550. Dafür hinterließen sie bei den Eingeborenen Kirchenpaläste, Folterkammern, Glasperlen, Schnaps und andere Zivilisationsgegenstände. Nachdem die Kartoffeln ihren Siegeszug in Europa angetreten haben, sind sie aus unserem sozialistischen Leben nicht mehr wegzudenken.

3. Bedeutung und Rolle der Kartoffeln: Die Kartoffeln sind heute unser Hauptnahrungsmittel, gleich nach dem Fleisch, der Butter, dem Bier und anderen Grundnahrungsmitteln. Hier sind wir in der Verspeisung Weltspitze. In manchen Gegenden nennt man die Kartoffeln Erdäpfel, in lateinischen Ländern Solanum tuberosum. Sie gehören zur Sorte der Nachtschattengewächse im Gegensatz zu den Tagschattengewächsen.

Es gibt verschiedene Arten von Kartoffeln: Frühkartoffel, Spätkartoffel, Salzkartoffel, Pellkartoffel, Dämpfkartoffel und Pomfritts. Aus den Kartoffeln kann man mindestens 71 Speisen herstellen, zum Beispiel Puffer. Das ist ein Lieblingsgericht von meinem Vater. Wenn er nach Hause kommt und sieht die Mutter Puffer backen, faßt er sie gleich von hinten an und drückt sie und spricht dazu: »Jaaa, so müssen sie sein, schön rund und knusprig!« Die Mutter schiebt ihn dann weg und sagt, er soll an die Kinder denken! Da hat sie recht. Denn wir essen auch gern knusprige Kartoffelpuffer.

Wenn aber einer glaubt, Kartoffeln sind nur eßbar, der irrt sich. Sie sind auch trinkbar. Denn neben der Stärke besitzen sie bis zu 80 Prozent Wasser. Daraus wird Spiritus und Schnaps hergestellt. Der wirkt auf den Geist. Darum nennt man trinkende Persönlichkeiten in leitender Stellung auch Spiritus rector. Heute heißt es Direktor. Deshalb wird unser Herr Direktor Keiler auch der gute Geist der Schule genannt.

4. Züchtungen: Kartoffeln kann man auch züchten, und unsere Wissenschaftler haben schon große Erfolge errungen. Es gibt jetzt schon welche, die sich fast ein halbes Jahr lang halten. Auch haben die Wissenschaftler herausgefunden, welche Farbe und Form die Kartoffel haben muß. Jetzt überlegen die Wissenschaftler, wie die Kartoffeln schmecken müssen. Das wird noch eine Weile dauern, weil die Geschmäcker verschieden sind.

5. Die Kartoffeln und das Kulturleben: Kartoffeln haben auch die Künstler aufgerufen, schöpferisch-nützlich tätig zu sein. Weil ich bisher noch kein Kartoffelgedicht gefunden habe, möchte ich jetzt eins von mir vortragen. Es ist ein modernes Gedicht, welches nicht gleich jeder versteht, und geht so:

Knolle du,
gelbbraune,
zahnlose,
ungefiederte,
unbesockte
Frucht.
Elefant unter den
Murmeln.
Tränenreiches,
stärkebleiches
Grundnahrungsmittel.
Beidhändig
greif ich dich,
verschling ich dich,
stoffwechsle ich dich
wieder erdwärts,
dorthin,
wo du gekommen bist
her!

Ich hoffe, daß mein junges Gedicht auch mal in der »Jungen Welt« gedruckt wird, womit ich meinen wissenschaftlichen Vortrag schließe.

Alle klatschten danach wie verrückt. Nur das Fräulein Bella Kohl saß gekrümmt in der Bank und sang leise vor sich hin: »Nein, nein, nein, entweder du oder ich oder du oder ich ...«, und es klang wie ein Hitt von der neuen Welle. Ich glaube, sie wollte damit sagen, daß einer von uns beiden nicht mehr alle Kartoffeln im Schrank hat.

Was ist Mut?

Wenn ich so Bücher über frühere Zeiten lese, dann denke ich: Da gab es noch Helden, da brauchte man noch Mut. Das waren noch Abenteuer. Siehst du das auch so, Harald?

Abentcuer gibt's heutc auch. Denk bloß an Sigmund Jähn. Das ist ein Held. Außerdem haben wir Helden der Arbeit.

Na ja, seh ich ja ein. Aber wenn du schon alles besser weißt, dann erklär mir doch mal, was eigentlich Mut heißt.

Die Antwort ist nicht schwer. Mut heißt, die Angst überwinden.

Also sind Helden der Arbeit Menschen, die immer Angst überwinden müssen. Man, das erzähl mal einem Arbeitshelden.

Wenn zum Beispiel Hochspannungsmonteure auf den hohen Masten rumklettern müssen, dazu gehört schon Mut. Oder die Schornsteinbauer bei Kraftwerken ...

... oder die Seiltänzer, Artisten, Taucher. Ein Dompteur muß Mut haben, oder eine Lehrerin, die das erste Mal in unsere Klasse kommt. Alles Angstüberwinder? Wenn ich zum Beispiel riskiere, über ein Brückengeländer zu balancieren, ist das Mut?

Das ist Mut.

Und ich sage dir, das ist Dummheit.

Mut ist, wenn du dir was zutraust.

Dummheit ist, wenn der Mut keinen Sinn hat. Ich werd dir mal was sagen, Harald. Du siehst den Mut nur sportlich, für dich ist der Mut das Gegenteil von Angst, vielleicht sogar Feigheit. Bin ich vielleicht feige?

Kann ich eigentlich als dein Freund nicht sagen. Ich bin ja auch nicht feige.

Na schön. Dann sag mir mal, ob du den Mut hast, immer ehrlich deine Meinung zu sagen.

Wenn sie richtig ist, ja.

Na gut. Ist zum Beispiel die Meinung richtig, daß der Herr Kurz immer die Mädchen vorzieht?

Ist richtig.

Na dann sag das doch gleich morgen dem Herrn Kurz vor der ganzen Klasse, wenn du dich traust.

Ich bin doch nicht blöd, Mensch! Wegen einmal Mut muß ich nachher hundert Schikanen aushalten. Hier ...!

Während wir noch darüber nachdachten, kam das Fräulein Heidenröslein des Wegs. »Na, ihr beiden? Habt ihr euch gestritten?« Ja, sagte ich, aber nicht böse. Wir haben nur darüber nachgedacht, was Mut ist.

Fräulein Heidenröslein schaute uns mit ihrem schönen Antlitz an und sprach ganz leicht dahin: »Mut ist das richtige Maß zwischen Kleinmut und Übermut.« Sagte es und gab uns einen kleinen Klaps. Schade, dachte ich, daß ich noch zu klein bin. Bei ihr könnte ich vielleicht sogar übermütig werden.

Über die Bedeutung der Entschuldigungen

Im Leben eines Schülers sind drei Wörter wichtig. Erstens »bitte«, zweitens »danke« und drittens »Entschuldigung«. Bitte und danke lernt man schon im Kindergarten, so daß man es bald auswendig und leicht dahinsagen kann. Das Wort »Entschuldigung« dagegen ist schon schwieriger, weil man nie so genau weiß, wann und ob es überhaupt notwendig ist.

Weil aber Entschuldigungen bei Erwachsenen so beliebt sind, habe ich mir gedacht, man müßte sich viel öfter entschuldigen, nicht nur bei schlechtem Benehmen. Ich habe das ausprobiert und möchte dazu ein Beispiel bringen.

Nehmen wir unseren Herrn Lehrer Kurz. Er hat die Angewohnheit, am Schluß jeder Stunde zu fragen: »Habt ihr alles verstanden? Ist alles klar?« Mir hat der Herr Kurz schon immer leid getan, weil keiner auf seine Frage antwortet. Und so nahm ich mir ein Herz, meldete mich anständig und sagte: »Entschuldigen Sie bitte, Herr Kurz, aber ich wollte Ihnen nur mitteilen, daß ich alles verstanden habe und alles klar ist. Ich hoffe, auch im Namen der Klasse zu sprechen.«

Alle freuten sich darüber, der Herr Kurz nicht so sehr. Er ließ sich mein Tagebuch geben und schrieb hinein: »Ihr Sohn blödelt und stört damit die Disziplin.« Also hat der Herr Kurz meine höfliche Antwort nicht entschuldigt.

Es gibt auch Menschen, die Angst haben, daß sie ohne Entschuldigung schlecht angesehen sind. Zum Beispiel die Frau Beul. Einmal hörte ich, wie sie eine Verkäuferin fragte: »Entschuldigen Sie, haben Sie kein FIT mehr?« Und die Verkäuferin, die einen guten Tag hatte, antwortete höflich: »Sehn' Se welches?!« Da mußte die Frau Beul zugeben, daß sie auch keins sieht, und sagte: »Entschuldigen Sie, es war ja nur eine Frage.«

Das sind alles unnötige Entschuldigungen. Jetzt möchte ich aber noch etwas zu den nötigen Entschuldigungen sagen, wovon es verschiedene gibt, zum Beispiel Vorbeugungsentschuldigungen. Auch dazu ein lehrreiches Beispiel.

Mir ist aufgefallen, daß die meisten Menschen, wenn sie in ein Büro, in eine Autowerkstatt, bei der KWV oder in eine andere Dienststelle eintreten, sich erst für ihr Erscheinen entschuldigen. Sie müssen dann so lange stillstehen, bis man sie entdeckt hat. Wenn im Zimmer ein Stuhl übrig ist, darf sich der Besucher vielleicht setzen, wenn nicht, dann muß er eben stehenbleiben. Wenn der Besucher sich jetzt noch dreimal entschuldigt, erstens wegen der Störung, zweitens, weil er nur eine Frage hat, und drittens, weil er überhaupt geboren ist, dann wird er vielleicht gnädig angehört. Früher hieß das bei den Kaisern und Königen Audienz, heute sagt man dazu bürgernahe Arbeit.

Die wichtigste Rolle im Schulleben spielen die Versäumnisentschuldigungen, und es ist manchmal gar nicht so einfach für die Eltern und uns, eine zu finden, die noch nicht dran war. Auch dazu einige Beispiele.

Der Herr Burschelmann kann zum Beispiel solche Entschuldigungen wie ›der Wecker hat nicht geklingelt oder die Straßenbahn hatte Verspätung oder die Fahrradkette ist gerissen‹ schon nicht mehr hören. Er winkt dann ab und knurrt: »Setz dich, wenn dir nichts Besseres einfällt!«

Aber bei Entschuldigungen, die er nicht alle Tage hört, spitzt er die Ohren. Manche schreibt er sich sogar auf. Zum Beispiel die vom langen Schücht, als er sagte: »Entschuldigen Sie, daß ich gestern nicht kommen konnte. Ich mußte kotzen, weil ich mir bei der Jugendweihe den Magen verdorben habe. Es lag aber am fetten Essen, nicht an der Alkoholvergiftung.«

Der Herr Burschelmann glaubte auch dem Schweinesigi, der mit dem rechten Bein hinkend ankam und sprach, ein Pferd hat ihn getreten. Als der Sigi dann mit dem linken Bein auf seinen Platz humpelte, konnte der Herr Burschelmann nur noch sagen: »Na ja, hast dir wenigstens was einfallen lassen.«

Neben den mündlichen gibt es auch schriftliche Entschuldigungen, meistens von den Eltern. Die schönsten hebt der Herr Burschelmann in einer Mappe auf. Gestern ließ er sie liegen. Und weil ich gerade Klassendienst hatte und sowieso der letzte war, borgte ich sie mir einmal aus. Einige Entschuldigungen hab ich hier abgeschrieben.

Zum Beispiel schrieb die Mutter von der Bettina Kaluweit aus der 7. Klasse: »Bitte entschuldigen Sie das gestrige Fehlen meiner Tochter. Wir hatten Schlachtefest, da wurden alle Hände gebraucht. Nehmen Sie bitte als Beweis die frische Wurst von meiner Tochter entgegen.«

Oder die Oma von Enrico Lehmann schrieb: »Der Junge bekam Fieber, so daß ich ihn zähneklappernd zu Bett bringen mußte.« Ich kann mir das schwer vorstellen, weil die Oma fast keine Zähne mehr hat.

Oder die Frau Küchelfett schrieb auf den Entschuldigungszettel: »Meine Tochter rutschte beim Abwasch aus und verstauchte sich die linke Hand. Morgen wird sie aber wieder gehen können.«

Oder die Frau Speckmann teilte mit: »Seit meine Tochter die Treppe runterfiel, kann sie schlecht sitzen, aber im Stehen geht es.«

Sehr traurig ist auch das Schicksal von der Kassandra Spiegel. Ihre Mutter schrieb: »Meine Tochter ist beim Aufstehen umgefallen, so daß ich sie liegen lassen mußte, bis der Arzt kam. Er gab ihr eine Spritze, wonach sie wieder aufstehen konnte, aber sie soll noch liegen bleiben.«

Aber ich kann mir vorstellen, daß sich der Herr Burschelmann am meisten über die Entschuldigung von der Mutter der Gerlinde Zimmer aus der Zehnten gefreut hat. Sie schrieb: »Seit einigen Tagen ist meiner Tochter morgens immer übel, weshalb sie öfter zu spät kommt. Es wird doch wohl nichts Schlimmeres sein und grüßt Sie in guter Hoffnung Ihre Frau Zimmer.«

Einmal ist auch mir keine richtige Entschuldigung eingefallen, und das ausgerechnet beim Fräulein Heidenröslein, das ich gut leiden kann. Ich setzte deshalb mein ernstes Gesicht auf und fragte mit trauriger Stimme: »Entschuldigen Sie bitte, kann man für etwas bestraft werden, was man nicht getan hat?« Das Fräulein Heidenröslein bekam gleich ein Mitleid mit mir und sagte: »Um Gottes willen nein, Ottokar. Das wäre ja ungerecht! Was ist denn los?« Da gab ich es zu: »Ich habe nämlich meine Hausaufgaben nicht gemacht.«

Jetzt sah das Fräulein Heidenröslein traurig aus.

Über die Bedeutung der Dankbarkeit

Zur Höflichkeit werden schon die kleinen Kinder erzogen, und das ist richtig so. Will zum Beispiel so ein Scheißerchen etwas haben, dann muß es erst bitte, danach danke sagen. Das gehört sich eben. Wenn es dann das schöne Geschenk empfangen hat, sagen wir einen Apfel oder ein Bonbonchen, und das Kind steckt das Geschenk gleich in den Mund, dann schreien die Erwachsenen: »Na, wie heißt das?« Sie fragen so lange, bis das Würmchen ruft: »Danke!«, und die Eltern oder Tanten schauen sich um, ob auch jeder gesehen und gehört hat, wie gut das Äffchen dressiert ist. So wird der Mensch daran gewöhnt, ein ganzes Leben lang dankbar zu sein.

Meine Tante Anna ist ganz wild darauf, immer bedankt zu werden. Sie hat vielleicht deswegen schon drei Männer hinter sich. Der erste ist an einer Pilzvergiftung gestorben und konnte sich nicht mehr dafür bedanken. Der zweite sagte drei Tage vor der Hochzeit, er geht bloß schnell mal ein Bierchen trinken, und ist seitdem danklos verschollen. Der dritte war ein Heiratsschwindler. Erst als er merkte, wie die Tante ihn ausgenommen hat, stellte er sich freiwillig dem Gericht. Er meinte, lieber sitzen und am Hungertuch nagen, als für jede Sirupstulle und Quarksuppe sich bedanken zu müssen.

Tante Anna kommt jedes Jahr vier Wochen zu Besuch und bringt abgelegte Sachen mit, und mir und meiner Schwester eine Rolle Kekse, und wir sollen sie einteilen. Dabei ist wieder ein Dank fällig. Sie hält dazu ihre Backenknochen hin. Meine Schwester überwindet sich und küßt sie. Ich dagegen mach ein so angeekeltes Gesicht, daß mir die Dankbarkeit gleich erlassen wird.

In der Schule wird auch immer wieder verlangt, wir sollen dankbar sein, weil wir lernen dürfen. Als ich nach einer Mathestunde mit Herrn Burschelmann einmal abschließend feststellte: »Herr Burschelmann, ich bin ja so dankbar, daß ich lernen darf«, da tippte er mir an die Stirn und sagte: »Ich kann mich auch alleine verscheißern.«

Der Herr Burschelmann gehört zu den Lehrern, die auch uns Schülern dankbar sind. Wie oft kommt es vor, daß der Herr Burschelmann nach einer Leistungskontrolle sagt: »Danke, mir reicht's!« Ich hätte ja antworten können: »Bitte, gern geschehen!«, aber der Herr Burschelmann legt auf solche Höflichkeiten keinen großen Wert, mehr auf Ehrlichkeit.

Oder ein anderes Beispiel. Als voriges Jahr die Toiletten erweitert werden mußten, weil der Andrang wegen der guten Schulspeisung größer geworden ist, bedankte sich der Herr Direktor Keiler beim Herrn Bürgermeister für die große Unterstützung. Sie weihten danach die Toilette ein, und der Herr Bürgermeister sprach dazu: »Für die lichte Zukunft unserer Jugend ist uns nichts zu schade.«

Ich fragte meinen Vater zu Hause, ob sich der Herr Direktor auch bei ihm bedankt hat. Denn er und seine Brigade haben doch die Toilette gebaut. Mein Vater sagte, hat er nicht, aber der Herr Bürgermeister wird den Dank an die Bauarbeiter schon weitergeben. Und ich soll mir fürs Leben merken: Der Dank geht immer erst zu den Vorgesetzten, und von dort kommt er langsam wieder zurück, wenn er nicht irgendwo hängenbleibt.

Wir Schüler sollen nicht nur für das Lernen, die Zensuren, die Eintragungen und die Elternbriefe dankbar sein, sondern überhaupt. Zum Beispiel für die Ferienfahrten, die Bienchen und Pluspunkte, die billige Straßenbahn oder die Geschenke von unserer Patenbrigade. Jedes Jahr zum 1. Mai oder Tag der Republik überreicht sie uns Wimpel. Jetzt sind wir bald eingewimpelt. Beim letzten Treffen fragte ich, ob wir ein Foto vom Herrn Brigadier bekommen könnten, damit wir ihn auch einmal kennenlernen. Die Kumpel lachten und bedankten sich für den Vorschlag, aber der Herr Direktor sah mich sträflich an.

Man muß für alles dankbar sein, wenn man auch nicht gleich weiß, wofür und bei wem. Beim Schulessen ist das klar. Gibt die freundliche Frau Schachulle das Essen aus, sage ich gern danke, und sie strahlt. Stehen aber die zickigen Mädchen aus der Zehnten dort und lassen sich vorher die Hände und Fingernägel zeigen, zeige ich ihnen meine Füße gleich mit. Dafür haben sich die Gänse noch nie bedankt, im Gegenteil. Sie verpetzten mich an den Aufsichtslehrer, und der schickte mich ans Ende der Schlange. Das macht mir gar nichts aus. Schlangestehen hab ich in meinem Leben schon oft geübt, und wenn ich dran bin, darf ich wieder dankbar sein.

Für eine schöne Ferienfahrt wollte ich mich einmal bedanken, aber niemand konnte mir sagen, wer der oberste Ferienchef ist. Also schrieb ich an die Zeitung eine Karte mit dem Text: »Für die schöne Ferienfahrt bedanke ich mich.«

Ich dachte, die Zeitung wird schon die richtige Dankstelle finden, und so war es. Nach vier Wochen bekam ich von der Reichsbahndirektion ein Schreiben, in welchem es hieß, daß sie die Kritik erhalten hat und sie bedankt sich für den wertvollen Hinweis. Und sie wird ihn auswerten.

Ich mußte erst ein bißchen nachdenken, wieso? Denn erstens hab ich keine Kritik geschrieben, und zweitens sind wir gar nicht mit der Bahn gefahren, sondern mit dem Fahrrad. Aber dann dachte ich an die Belehrung von meinem Vater und wußte Bescheid. Manchmal geht ein Dank nach oben und kommt als Selbstkritik zurück. So was gibt es.

Beim Haarschneiden bin ich meistens dreimal dankbar. Erstens, wenn ich wegen Überfüllung nicht gleich rausgeschmissen werde, zweitens, wenn der Frisörmeister zum Fräulein Lehrling sagt: »Alles runter, den Rest mache ich selbst!« und drittens, weil man bei der Frau Meisterin sogar mit Kleingeld bezahlen darf. Einmal fragte sie zwar: »Kleiner ging's wohl nicht mehr?« Ich sagte ja, aber dann hätte ich die Pfennige zersägen müssen.

Überhaupt kann man sich heute nicht genug bedanken für alles. Dafür, daß mein Vater seinen Trabi zur Durchsicht bringen durfte oder mein Opa, der ja schon lange Rentner ist, einen Ferienplatz an der Ostsee bekam. Seine alte Gewerkschaft schrieb, das ist eine Auszeichnung, und der Opa bedankte sich und schrieb zurück, die Seeluft ist im November besonders gut für sein Rheuma.

Bloß meine Oma wird nie kapieren, warum man dankbar sein muß. Früher, so redete sie dahin, war ein Handwerker oder ein Kaufmann oder eine andere Dienstleistungsperson dankbar, wenn man bei ihnen was bestellte. Aber heute muß der Kunde dankbar sein, wenn er überhaupt angehört wird. Und die Oma versteht auch nicht, warum man für alles bitten und danken muß, wenn man doch dafür bezahlt, und der Kunde muß doch König sein.

Die Oma hat vielleicht recht, aber als Pionier mußte ich ihr sagen: Oma, du lebst nicht mehr im Feudalismus, sondern im Sozialismus. Da brauchen wir keine Könige. Aber wenn dir das, was wir haben, zu wenig ist, sagte ich, dann schreib doch eine Kritik an die Kreiszeitung oder noch höher. Wenn du Glück hast, kommt sie vielleicht als Lob zurück, und wenn du Pech hast, wird deine Kritik als Eingabe behandelt. Hoffentlich erlebst du die Antwort noch.

Man darf aber auch nicht zu stolz sein, danke zu sagen, zum Beispiel für eine Auszeichnung, auch wenn man sie verdient hat. Bei einem Faschingsfest bekam ich den Orden »Großer Stern für freche Antworten«. Ich bedankte mich dafür und sprach, daß ich darin eine Ehrung sehe für unser ganzes Kollektiv mit Herrn Burschelmann an der Spitze.

Alle klatschten, auch der Herr Burschelmann. Der weiß eben dankbare Schüler noch zu schätzen.

Als ich in der Pionierrepublik war

Liebe Mutti, lieber Vati!

Heute will ich mal was von meinen Ferien schreiben, weil es sein muß. Jeden Tag fragt unser Gruppenpionierleiter, ob wir auch die Eltern nicht vergessen haben. Als er von mir wissen wollte, ob ich schon geschrieben habe, antwortete ich: Eigentlich nicht, und ich möchte auch meinen Eltern den Schreck ersparen. Denn wenn sie plötzlich Post von mir bekommen, denken sie, mir fehlt was oder es ist was passiert. Aber hier nimmt man auf solche Lebenserfahrungen leider keine Rücksicht. Trotzdem bin ich gesund und immer satt, und ich will Euch jetzt das Leben und den Ablauf schildern.

Hier ist es landschaftlich und pioniermäßig gesehen sehr schön. Es gibt Wald und Hügel und einen tollen See. Man kann auch baden. Die Bäume sind noch grün, weil es keinen sauren Regen, keine Fabriken, keine Müllhalden und andere Umweltverschmutzer gibt. Dazwischen stehen Unterkünfte und Häuser. Nicht solche, wie Vater sie baut, mit Fertigteilen und so, sondern mehr im jugendlichen Stil, damit wir uns wohl fühlen.

Das Haus, in welchem wir untergebracht sind, hat 20 Zimmer und die Nummer 5. Und man hört verschiedene Sprachen. In meinem Zimmer spricht man berlinisch, mecklenburgisch und altmärkisch, also fast richtig deutsch. Die anderen Sprachen stammen von den Bergvölkern unserer Republik, nämlich sächsisch-schweizerisch und oberhöflich. Aber sonst sind sie prima Kumpel.

Auch gibt es hier Kinder aus verschiedenen Erdteilen, besonders aus der Sowjetunion, Polen, ČSSR, Ungarn, Bulgarien und noch mehr, ich habe sie nicht alle gezählt. Mit ihnen verstehen wir uns sehr gut, zum Beispiel beim Spaßmachen, Sport und Baden. Es gibt keine Lachschwierigkeiten. Bloß beim Sprechen haut das noch nicht so hin.

Die Leninpioniere zum Beispiel verstehen mein Russisch nicht, obwohl ich schon fast zwei Jahre lerne. Aber beim Raschkeni, so heißt ein lustiges Spiel, klappt auch die

Mundverständigung. Das geht so vor sich. Wir stellen uns im Kreis auf. Ein Junge erwählt sich ein Mädchen oder umgekehrt. Sie stellen sich in die Mitte, Rücken an Rücken, und wenn wir anderen raß, dva, dry zählen, müssen die beiden ihren Kopf links oder rechts drehen, und wenn sie beide auf dieselbe Seite drehen, müssen sie sich küssen. Einer aus Berlin, der versteht das. Er wird bald das Abzeichen für gutes Küssen bekommen.

Ich war auch mal dran, und die Natalia gefiel mir nicht schlecht. Bei der fünften Mundverständigung sagte sie schon danke, und weil mir kein anderes Wort einfiel, sagte ich: »Nu bagadie!« Da lief sie von mir weg. Schade!

Jetzt will ich Euch den Tagesablauf beschreiben. Um 6 Uhr ist Wecken, da kräht ein Hahn. Kein richtiger, sondern aus dem Lautsprecher, sonst hätte ich dem ekelhaften Vieh schon den Kragen umgedreht. Dann folgt Frühsport, entweder Gymnastik oder Waldlauf, und danach treffen wir uns im Waschraum. Das Wasser ist zwar kalt, aber trotzdem gesund. Für Dich wär das nichts, Vati, beim Rasieren würdest Du ganz schön fluchen. Jetzt heißt es, die Zimmer aufräumen, denn es ist mit einer Kontrolle zu rechnen. Diese besteht aus Ordnungskommissionspionieren. Als sie zu mir sagten: Zeig dein Fach!, antwortete ich: Ihr könnt es ja suchen. Ich sage kalt oder warm oder heiß – je nachdem. Dafür bekam ich einen Minuspunkt. Wenn die Mädchen erst eine Funktion haben, und die Ordnungsschnüffler sind Mädchen, dann bringen sie sich fast um vor Wichtigkeit.

Nach dem Frühstück wird gespielt oder ein Spaziergang unternommen, zum Beispiel zum Garten der Freundschaft. Dort sind viele Gewächse von ausländischen Delegationen zu sehen. Nach dem guten Mittagessen, von dem ich mir oft noch was nachhole, gibt es

Mittagsruhe, die man auch wachsam verbringen darf, aber im Zimmer. Nachmittags ist meistens Baden oder wir exkursieren ins Touristenlager. Und so vergeht der Tag bis zur Nachtruhe. Sie wird bloß unterbrochen, wenn der Pilei vom Dienst unsere Füße kontrolliert. Das ist wahrscheinlich nicht immer ein schöner Anblick. In diesem Falle kann man auch von einer Nachtvölkerwanderung sprechen, und zwar zum Waschraum. Das Wort Kontrolle verstehen alle ausländischen Freunde.

Aber sonst ist unsere Pilei Katharina einsame Spitze. Es gibt sicherlich noch mehr solche Spitzen, aber man kann ja nicht alle Namen behalten. Die Katharina ist deshalb prima, weil sie mit uns wie mit vernünftigen Menschen spricht. Da kann sich mancher Pilei und auch Lehrer eine Scheibe abschneiden. Auch gibt es viele Attraktionen, zum Beispiel eine Jurte aus der Mongolischen Volksrepublik, die man nur mit Socken und Ehrfurcht betreten darf, also nur zum Angucken. Katharina hat mir hinterher gezeigt, wie man Socken stopft. Es gibt auch eine MIG und einen T 34, aber das sind schon alte Veteranen zum Spielen, und sie sind als solche nicht mehr gefährlich.

So, das wär's, das andere erzähl ich zu Hause. Ich hoffe, daß Ihr gesund seid. Liebe Mutti, wegen der Sauberkeit brauchst Du Dir keine Sorgen zu machen. Ich geh fast jeden Tag baden und wasch mir sogar den Hals und die Ohren. Damit Du nicht soviel Klamotten von mir waschen mußt, zieh ich mich nicht so oft um und bringe die meiste Wäsche und Hemden sauber nach Hause. Der Jana könnt Ihr auch einen Gruß bestellen.

Es grüßt Euch Euer Sohn und Pionier
Ottokar

Was bedeutet die Endung ismus?

Harald, kannst du mir mal erklären, warum manche Substantive mit ismus enden?«

»Wie kommst du denn darauf? Was meinst du überhaupt?«

»Na zum Beispiel politische Wörter wie Kapitalismus, Sozialismus und solche.«

»Ach so. Na ja, ich denke mir, alles was wichtig ist, wissenschaftlich gesehen, endet mit ismus. Es gab auch mal einen Feudalismus. Steht in unserem Geschichtsbuch. Der fortschrittlichste Abschnitt für die Menschheit ist jetzt der Sozialismus. Da gibt es keine Ausbeutung mehr.«

»Du brauchst mich nicht zu agitieren, das weiß ich selber. Ich will wissen, was ein ismus sein darf und wer das bestimmt. Verstehst du?«

»Du stellst vielleicht blöde Fragen. Trotzdem werde ich versuchen, dir das zu erklären. Denk doch mal an Karl Marx und an den Film aus seinem Leben, den wir neulich gesehen haben. Karl Marx war ein Arbeiterführer und ein Wissenschaftler und ein Philosoph.«

»Und ein guter Vater!«

»Na ja, das ist meiner auch. Aber Karl Marx hat für die Menschheit wichtige Bücher geschrieben!«

»Jaja, ich weiß. Mein Vater hat erst das kommunistische Manifest gelesen. Da war er noch normal, und man konnte mit ihm reden. Jetzt liest er das Kapital und stöhnt und stöhnt. Wehe, wir sprechen ihn an.«

»Na siehst du, weil Karl Marx ein großer Wissenschaftler war, nennt man seine Lehre Marxismus, also auch ein ismus-Wort.«

»Und die Lehren von seinem besten Freund, von Friedrich Engels, nennt man Engelsismus.«

»Hab ich eigentlich noch nicht gehört. Aber du hast recht, das müßte so sein. Die Lehren vom Genossen Lenin nennt man ja auch Leninismus. Also kann man sagen: Alle wichtigen Lehren enden mit ismus.«

»Na, ich weiß nicht. Der Herr Kurz zum Beispiel hält seine Lehren für die wichtigsten. Aber hast du schon mal was vom Kurzismus gehört? Ich nicht.«

»Das ist kein Beispiel. Der Herr Kurz will uns bloß beibringen, was er aus Büchern gelesen hat. Außerdem lehrt er nicht, sondern belehrt uns dauernd. Und das geht mir auf den Geist. Der ist kein ismus. Der Herr Kurz hat ja noch nicht einmal in der Zeitung gestanden.«

»Oder nehmen wir das Fräulein Bella Kohl. Die hält sich doch für die bedeutendste Erdkundelehrerin. Nicht einmal der Herr Direktor Keiler widerspricht ihr in dem Fach.«

»Also Kohls gibt's viele, und wenn man da einen Kohlismus draus macht, weiß man nicht, welcher Kohl gemeint ist. Für ismus ist nur ein einmaliger Name tauglich, denk ich.«

»Also ismus-Wörter müssen für die ganze Menschheit wichtig sein?«

»Richtig.«

»Und darum spricht man jetzt auch so oft vom Alkoholismus.«

Während wir noch weiter darüber nachdachten, klingelte es zur letzten Stunde. Weil man nur langsam nachdenken kann, nicht im Rennen, kamen wir als letzte in die Klasse. Der Herr Burschelmann rief uns knurrig zu: »Na, da seid ihr ja. Darf ich jetzt endlich anfangen?«

Wir sagten ja, und der Herr Burschelmann nickte grimmig, aber nicht böse. Und da dachte ich: Warum gibt es eigentlich noch keinen Burschelmannismus? So ein Lehrer ist doch auch einmalig!

Die Antwort darauf bekommt man wahrscheinlich erst, wenn der Herr Burschelmann nicht mehr lebt. Schade, daß er dann nicht mehr hören und lesen kann, wie gut er war und wie gern wir ihn alle hatten.